Hubertus Hübner

Wildtierkunde – kurzgefaßt

Hubertus Hübner

WILDTIERKUNDE
kurzgefaßt

Der übersichtliche Führer
durch Feld, Wald und Flur
für Jäger und Naturfreunde

nimrod
verlag + versandbuchhandel

CIP-Kurztitelaufnahme der Deutschen Bibliothek
Hübner, Hubertus:
Wildtierkunde – kurzgefaßt
Der übersichtliche Führer durch Feld, Wald und Flur
für Jäger und Naturfreunde/Hubertus Hübner – Bothel: nimrod, 1990
ISBN 3-927848-03-4

ISBN 3-927848-03-4

Printed in Germany
Titelgestaltung: Heinz L. Potzkai unter Verwendung eines Dias von Hans Reinhard
Zeichnungen: Ingrid Engelmann, 2301 Stubbendorf
Idee, Gestaltung und Bearbeitung: Mediabüro Dachsbau
Aukamper Weg 14, 2301 Osdorf-Stubbendorf
Satz: TDS Melsungen, I. Gerlach-Wiegand, Lobenhäuser Weg 15, 3508 Melsungen
Lithos: reprotechnik reinhard schulz, holzkoppelweg 14, 2300 kiel 1
Druck: Werbedruck Horst Schreckhase, Dörnbach 22, 3509 Spangenberg
Verarbeitung: Buchbinderei Ludwig Fleischmann, Königstraße 7a, 6400 Fulda

INHALT

INHALT

ACHTUNG

Herausklappbares Schema auf der Innenseite des hinteren Umschlages

VORWORT

Warum haben wir gerade dieses Buch gemacht?

Wie so häufig entstehen neue Dinge aus dem Unbefriedigtsein mit dem bisherigen Zustand. Bestimmungswerke und Bücher zur Jägerprüfung gibt es sicher reichlich. Doch um sich schnell einen komprimierten Überblick von den wichtigsten Daten der (Wild)Tiere zu verschaffen, brachte uns die vorhandene Literatur zu viel entbehrlichen Ballast mit, der das Finden, Lernen und Merken eher behinderte. Weitere Hindernisse: Wesentliches wird nicht von Unwesentlichem unterschieden, wenig einprägsame Systematik, geringe Übersicht.

Da das Wissen über wildlebende Tiere für angehende wie für gestandene Jäger der lebendigste Stoff ist (ebenso für Naturfreunde, die mit offenen Augen unsere Umwelt wahrnehmen) und den eigenlichen Kern der umfangreichen jagdlichen Ausbildung darstellen, haben wir ein neues, übersichtliches und lernfreundliches Konzept für dieses Thema entwickelt.

Voilà, hier ist es! Ein abgestuftes 10-Punkte-Programm, unter dem die wichtigsten Informationen zu über 100 Tierarten telegrammartig stets nach dem gleichen Schema erfaßt sind (siehe nächste Doppelseite). Zum bequemen Lernen und Orientieren ist das Schema nochmal auf der Innenseite des hinteren Umschlages aufgedruckt. Wer sich also in dem System noch nicht so „zu Hause“ fühlt, kann diesen ausklappen und hat so stets direkt neben der jeweiligen Tierart die Bedeutung der Positionen vor Augen.

Eine zweijährige Testphase in Jägerkursen des Autors und in anderen Lehrgängen sowie bei naturinteressierten Nichtjägern hat uns geholfen, das System wie die einzelnen Inhalte auf die Bedürfnisse dieser Gruppe zuzuschneiden. Keine Frage, wir sind unterdessen aufgrund der Resonanz aus dem Test und durch eigene Erfahrung von dieser Art der Darstellung überzeugt.

Die Produktion des Buches fiel – das ließ sich bei der Festlegung der langfristigen Termine nicht vorhersehen – in eine politisch bedeutsame Zeit. Der Termin der Vereinigung Deutschlands im Oktober steht bereits fest. Leider war es uns nicht mehr möglich, die Jagdzeiten aus der ehemaligen DDR einzuarbeiten. Dagegen sprach auch die Erwartung, daß die auf dortigem Gebiet entstehenden fünf Bundesländer später landesrechtliche Einschränkungen vornehmen werden. Bis das geschieht, gilt für den dortigen Raum folgende Regelung: Gehen die alten DDR-Jagdzeiten über den Rahmen des Bundesjagdgesetzes hinaus, werden sie auf diesen reduziert; bei Unterschreitungen behalten sie solange Gültigkeit, bis landesrechtliche Bestimmungen erlassen worden sind.

Danach bleibt zum Schluß nur noch der Wunsch, daß Jäger wie Naturfreunde in ganz Deutschland, in Österreich und der Schweiz (und gern auch darüber hinaus) Freude und Nutzen an diesem Buch finden werden. Damit würde es den ihm zugedachten Zweck erfüllen: ein handliches, kleines Nachschlagewerk, in dem jeder die wichtigsten Informationen über Haar- und Federwild auf einen Schlag findet und mit einem Blick erfaßt.

September 1990

Frank Rakow
(Herausgeber)

Hubertus Hübner
(Verfasser)

Schema

1 a	Beschreibung des Aussehens/Wesentliche Merkmale *Gewicht:* bei Schalenwild aufgebrochen, sonst Lebendgewicht
b	Fährte, Spur, Geläuf
c	Losung, Gestüber, Gewölle, Geschmeiß
2 a	Biotop, Lebensraumansprüche
b	Äsung, Fraß, Nahrung, Beute
3	Lebensweise, Verhalten Körper- und Sinnesleistungen
4 a	Paarungszeit und Paarungsverhalten
b	Trag- bzw. Brutdauer Bei Vögeln zusätzlich: Länge der Brutsaison
c	Geburtszeitraum, Anzahl der Jungen, Aufzuchtphase Bei Vögeln zusätzlich: Gelegegröße, Form und Farbe der Eier
5 a	Gesundheitsgefährdende Parasiten
b	Bedeutende bzw. häufig vorkommende Erkrankungen durch Viren oder Bakterien
6	Trophäe Entwicklungsstufen und Altersmerkmale
7	Zahnformel
8	Jagdarten
9	Jagdzeiten BJG + Abweichende Landesregelungen
10	Besonderheiten *Verwandte Arten*
	Ein herausklappbares Schema befindet sich auch auf der Innenseite des hinteren Umschlages

Wisent

1 a	Wildrind mit grau-brauner zottiger Decke und besonders hohem Widerrist (fast 2 m). Wuchtiger Kopf, Mähne unter dem Hals; das Schwergewicht liegt vorne. Der Bulle hat Holme nach außen gedreht, die Kuh nach innen. *Gewicht:* bis 1.000 kg; Kuh geringer
b	Paarhufer, dem Hausrind ähnlich
c	Die Losung ist fester als beim Hausrind
2 a	Früher in ganz Europa (Berg- und Flachlandrasse). Liebt abgeschiedene Wälder, Waldwiesen und Feuchtgebiete. Heute in besonderen Schutzgebieten und in Gehegen (Springe, Bialystok/Polen)
b	Gras- und Krautschicht des Waldes; schält stark (bes. Eschen). Im Winter Beerkraut, Flechten und Rinde
3	Der Wisent, der ausgestorben war und seinen jetzigen Bestand intensiven Rückzüchtungen in Gefangenschaft verdankt, lebt gesellig. Nur die Bullen sind bis auf die Brunftzeit Einzelgänger. Die Wisente sind sehr standorttreu, dämmerungs- und nachtaktiv und nehmen gerne nach dem Weidegang ein Bad. Sie äugen mäßig, dafür vernehmen und winden sie hervorragend
4 a	Brunft im August/September. Erbitterte, ritualisierte Kämpfe, allerdings ohne ernstliche Verletzungen
b	9 Monate
c	Die Kuh setzt abseits vom Rudel im Mai/Juni ein Kalb, das etwa zwei Jahre gesäugt wird. Die Kühe werden nur alle 2 Jahre brunftig. Bei Gefahr drückt sich das Kalb in der ersten Zeit, und die Kuh verteidigt ihren Nachwuchs entschlossen gegen jeden Gegner
5 a	Tollwut, Maul- und Klauenseuche
b	Leberegel, Dasselfliege, Magen- und Darmwürmer
6	Haupt und Träger ganz präpariert oder Haupt abgeschlagen mit Holmen
7	$\frac{0\quad 0\quad 3\quad 3}{3\quad 1\quad 3\quad 3}$ x 2 = 32 Zähne
9	BJG: ganzjährig geschont

Wisent

10	Größeres freilebendes Vorkommen in Polen (z.B. Bialystok). Sonst nur in Gehegen (Springe)

Elch

1 a	Größte Hirschart. Decke grau-braun bis schwärzlich. Lange Läufe (hell abgesetzt) und langer Kopf mit Ramsnase (Oberlippe liegt über der Unterlippe). Nur die männlichen Elche tragen ein Geweih, der Kehlbart kommt bei beiden Geschlechtern vor. *Gewicht:* 400 - 500 kg; Tiere weniger
b	Große, spitze, gespreizte Schalenabdrücke; häufig ist das Geäfter zu sehen
c	Gelb-braun bis schwarz; Sommerlosung häufig klumpig bis breiig; Winterlosung runde bis längliche Kotbeeren mit grober Struktur
2 a	Große, feuchte Wälder, Brüche und Moore mit Erlen, Pappeln und Weiden
b	Der Elch ist ein Pflanzenfresser. Er bevorzugt Blätter, Triebe, Knospen von Laub- und Nadelhölzern (der Elch frißt den Wald), schätzt aber auch z.B. Farne, Wasserpflanzen und Milchhafer
3	Waldtier. Morgens und abends zieht der Elch zur Äsung, während er mittags vornehmlich ruht. Er suhlt selten, dafür nimmt er gerne ein Bad, taucht und schwimmt gut und ausdauernd. Größere Strecken legt er im Trollgang zurück, wobei die gespreizten Zehen ihn gut über weichen Untergrund tragen. Sein Gesichtssinn ist mäßig entwickelt, er vernimmt und windet jedoch sehr gut. Er lebt gern allein und meidet menschliche Siedlungen und unruhige Einstände. Nur ein Haarwechsel im April bis Juni; das Sommerhaar wird im Herbst und Winter lediglich länger
4 a	Elche leben polygam. Im September/November sucht der Elch das brunftige Tier und beschlägt es mehrmals. Er zieht dabei weite Wege und ist ein hitziger Kämpfer gegenüber auftretenden Nebenbuhlern. Nur wenig Brunftlaute
b	35 - 38 Wochen
c	Das Tier setzt im Mai 1 - 3 Kälber. Sobald die Kälber selbständig sind (Ausgang Winter), verlassen sie die Muttertiere
5 a	Lungen- und Magenwürmer, Dasselfliege
b	Tollwut
6	Stangenelche oder Schaufler. Die Rosenstöcke liegen seitlich am Haupt, und so wächst auch das Geweih; keine Augsprosse.

Elch

	Nicht jeder Elch wird Schaufler; stärkste Hirsche in Alaska mit bis zu 50 kg schweren Schaufeln. In Mitteleuropa (Polen) hauptsächlich Stangenelche. Entwicklungshöhepunkt etwa beim 10. Kopf
7	$\frac{0 \quad 0 \quad 3 \quad 3}{3 \quad 1 \quad 3 \quad 3}$ x 2 = 32 Zähne Dauergebiß nach 18 Monaten. Grandeln sehr selten. Der Abschliff der Backenzähne ist dem des Rehwildes ähnlich
8	Pirsch, Ansitz, Lockjagd, Drückjagd mit Elchhunden
9	BJG: ganzjährig geschont
10	Kommt in der Bundesrepublik nicht vor. Nur ab und an als Irrgast aus dem Osten

Rotwild

1 a	Decke im Sommer rot-braun, im Winter länger und grau-braun. Haupt lang, besonders deutlich beim Kahlwild. Spiegel im Sommer gelblich, im Winter grau-weiß. Kälber anfänglich gefleckt. Nur die Hirsche tragen ein Geweih. *Gewicht: Hirsche:* 70 - 200 kg; *Tiere:* 40 - 80 kg
b	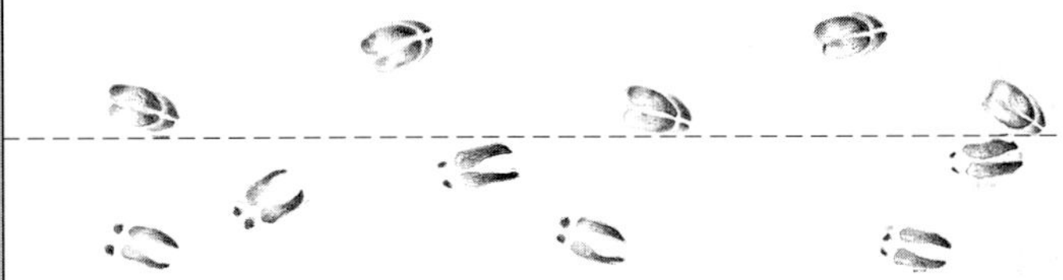 Ein Drittel des Schalenabdrucks ist Ballen. Vertraut ziehend = geschlossener Schalenabdruck; flüchtig = gespreizter Abdruck mit Geäfter. Hirschabdrücke: Schalen an der Spitze abgerundeter, größerer Schrank, Schloßtritt, Vierballenzeichen, Blenden, Fädchen, Burgstall; dazu Himmelszeichen, Himmelsspur, Wimpelschlagen etc.
c	Schwärzlich. Hirsche: Beeren mit Zäpfchen und Näpfchen, in der Brunft kleiner. Beim Feisthirsch fadenförmig. Weibliches Wild: einfache Kotbeeren 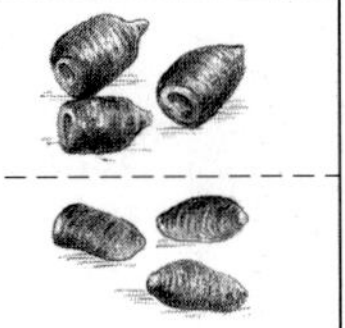
2 a	Weite zusammenhängende Wälder mit mehrschichtiger, abwechslungsreicher Vegetation, unterbrochen von Weiden, landwirtschaftlichen Flächen und Feuchtpartien
b	Kräuter, Gräser, frische Triebe, Waldfrüchte aller Art, aber auch Rinde. Auf dem Feld mit Vorliebe Kartoffeln und Milchhafer
3	Das Rotwild lebt gesellig in Rudeln. Hirsche vom 3. Kopf und älter bilden Hirschrudel. Die jüngeren Hirsche, Kälber, Schmaltiere und Alttiere bilden gemischte Rudel, die ein altes, erfahrenes Alttier anführt. Alte Hirsche werden Einzelgänger. Rotwild meidet Störungen und ist aus diesem Grund zum Nachttier geworden. Die Sinne einschließlich des Gesichtssinns sind hervorragend ausgebildet. Das Rotwild verfärbt im April/Mai und September/Oktober, meistens jung vor alt. Das Rotwild suhlt; nimmt aber seltener Malbäume an

Rotwild

4 a	Imposantes Brunftverhalten im September/Oktober. Starke, alte Hirsche erkämpfen sich ihren „Harem“ an Kahlwild. Der Platzhirsch beschlägt die nur wenige Tage brunftigen Tiere. Es gibt eine ganze Palette an Lautäußerungen in der Brunft und erbitterte Kämpfe, wenn gleichstarke Hirsche aufeinandertreffen
b	34 Wochen
c	Das Tier setzt im Mai/Juni ein Kalb, selten zwei. Werden zuerst noch abgelegt. Die Kälber bleiben bei den Tieren bis zum Setzen im nächsten Jahr, danach noch häufig als Schmalspießer oder Schmaltier. Verwaiste Kälber werden nicht adoptiert, kommen stark ab oder gehen ein
5 a	Magen-, Lungen- und Haarwürmer, Rachenbremse, Dasselfliege
b	Tollwut, Milzbrand, Wild- und Rinderseuche, Maul- und Klauenseuche
6	Das Geweih bei den männlichen Stücken und die Grandeln, die bei beiden Geschlechtern vorkommen. Der Aufbau des Geweihs vollzieht sich normalerweise vom Spießer ohne Rosen (1. Kopf) über den 2. Kopf mit bereits 6 und mehr Enden je nach Veranlagung und Lebensbedingungen. Der Zenit liegt etwa zwischen dem 10. und 14. Kopf, dann beginnt das Zurücksetzen. Die Enden werden, beim Rosenstock beginnend, Aug-, Eis- und Mittelsprosse genannt. Bei mindestens drei Enden über der Mittelsprosse handelt es sich um einen Kronenhirsch; zwischen Krone und Mittelsprosse kann sich selten auch noch die Wolfssprosse bilden. Sind auf beiden Stangen gleichviele Enden, so handelt es sich um einen „geraden“, sonst um einen „ungeraden“ X-Ender. Die Stangen werden zwischen Februar und Mai abgeworfen. Das Schieben des neuen Geweihs beginnt sofort und ist nach etwa 100 Tagen abgeschlossen; dann fegt der Hirsch (Juli/August). Zukunftshirsche weisen meistens eine rechteckige, Abschußhirsche eine dreieckige Geweihform auf
7	$\frac{0 \quad 1 \quad 3 \quad 3}{3 \quad 1 \quad 3 \quad 3} \times 2 = 34$ Zähne Der Zahnwechsel ist mit 34 Monaten abgeschlossen. Grandeln im Oberkiefer. Die Altersbestimmung erfolgt nach dem Zahnabschliff, wobei dunkles Dentin als härter und verschleißfester gilt

Rotwild

8	Pirsch, Ansitz, Drückjagd; in der Brunft Lockjagd (mit Muschel o.ä.)
9	BJG: Hirsche: 1. Aug. - 31. Jan. Schmalspießer: 1. Jun. - 28. Feb. Alttiere: 1. Aug. - 31. Jan. Schmaltiere: 1. Jun. - 31. Jan. Kälber: 1. Aug. - 28. Feb. Abweichende Landesregelungen: Schmalspießer: B-W, BAY, NDS = 1. Jun. - 31. Jan. HES = 1. Jul. - 31. Jan. HH, NRW, S-H = 1. Aug. - 31. Jan. Schmaltiere: HES = 1. Jul. - 31. Jan. NRW, S-H = 1. Aug. - 31. Jan. HH = 1. Sep. - 31. Jan. Kälber: B-W, BAY, HES, NDS = 1. Aug. - 31. Jan.
10	*Alter Hirsch:* Gewicht vorne, altes griesgrämiges Gesicht, waagerechter Träger, Wamme, starke Mähne; Platzhirsch im Brunftrudel. Wirft früh ab und fegt zuerst. *Mittelalter Hirsch:* Körper ausgewogen, kürzeres Haupt, Träger aufrechter, geringere Mähne; im Hirschrudel, bzw. Beihirsch. Wirft später ab und fegt später. *Junge Hirsche* im Kahlwildrudel, „unausgewachsene" Körperformen, unbekümmertes Verhalten, jugendlicher, neugieriger Gesichtsausdruck. Alte *Alttiere* haben einen trockenen langen Kopf. *Kälber* sind nur beim Nässen nach dem Geschlecht genau zu unterscheiden

Damwild

1 a	Viele Farbvariationen der Decke (weiß, rot-braun, schwärzlich); Normalerweise rot-braun und gefleckt. Ohne Mähne am Träger, aber deutlich sichtbarer Drosselknopf. Die Unterseite ist weiß bis hinab auf die Innenseiten der Läufe. Großer Spiegel, schwarz gerandet. Langer Wedel, oberseits schwarz, unterseits weiß; ständig in Bewegung. Nur die Hirsche tragen ein Geweih. *Gewicht: Hirsche:* 60 - 100 kg; *Alttiere:* 30 - 40 kg
b	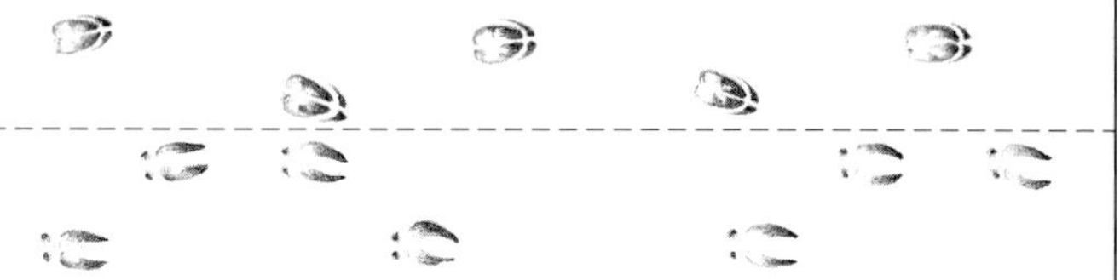 Länglicher als beim Rotwild; die äußere Schale länger als die innere; auf der Hälfte des Abdrucks Ballen. Hirschfährte kräftiger und mit größerem Schrank
c	Kotperlen ohne Zäpfchen und Näpfchen. Hirschlosung etwas größer als beim Tier. Frühjahrs- und Sommerlosung oft breiig; Winterlosung fest 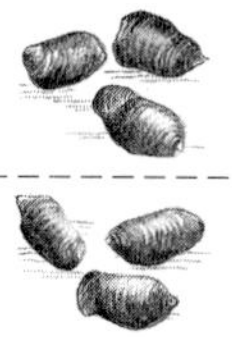
2 a	Mischwälder mit reichlich Buschholz, parkartig aufgelockert in der Ebene und im Hügelland; nicht im Gebirge
b	Gras und Rauhfutter. Bei richtiger Bestandsdichte und abwechslungsreicher Kost schält es selten. Nimmt gerne Wildäcker an und ist für Salzlecken besonders dankbar
3	Damwild ist tagaktiv, unsteter und unruhiger als Rotwild; jedoch standorttreu und bildet im Sommer große Rudel. Hirschrudel werden von einem älteren Hirsch, Kahlwild- und gemischte Rudel von einem erfahrenen Alttier angeführt. Damwild reagiert empfindlich auf Störungen. Die Sinne, besonders der Gesichtssinn, sind ausgezeichnet ausgebildet. Der Haarwechsel vollzieht sich im Mai/Juni und September/Oktober, wobei die jungen Stücke zuerst verfärben. Damwild suhlt nie. Springt bei der Flucht häufig mit allen vier Läufen gleichzeitig ab
4 a	Die Brunft im Oktober/November ist stiller als beim Rotwild, es kommt jedoch oft zu erbitterten Kämpfen. Der Hirsch legt die Brunftkuhle häufig auf traditionellen Brunftplätzen an

Damwild

	und wartet auf das anziehende Kahlwild. Der Brunftschrei, ein rasselndes Schnarchen, klingt wenig melodisch. Bei den Kämpfen kommt es häufig zu Stangen- und Schaufelbrüchen
b	32 Wochen
c	Im Mai/Juni wird ein Kalb (selten zwei) gesetzt, das in den ersten 2 - 3 Wochen abgelegt wird; später suchen Tier und Kalb Anschluß an das Rudel
5 a	Magen-, Lungen- und Haarwürmer, Rachenbremse, Dasselfliege
b	Rinderpest, Milzbrand, Maul- und Klauenseuche, Wild- und Rinderseuche, Tollwut (Damwild ist außerordentlich robust gegenüber Krankheiten)
6	Das Geweih. Der Aufbau vollzieht sich vom „Spießer" ohne Rosen (Wülste) über den „Knieper" vom zweiten Kopf (Rosen-, Aug-, Mittelsprosse und häufig Schaufelansatz) zum „Löffler" des dritten Kopfes mit deutlicherer Schaufelbildung. Der Höhepunkt liegt zwischen dem 8. und 10. Kopf; danach beginnt das Zurücksetzen. Abgeworfen wird im April/Mai. Gleich darauf beginnt das Schieben des neuen Geweihs, das im August/September gefegt wird. Häufig fegt der Spießer zuerst. Unerwünscht sind zerrissenen Schaufeln, solche mit tiefen Einbuchtungen (Krebsscheren) oder ungleichstangiges Wachstum, sowie fehlende Aug- und Mittelsprossen. An der Stellung der Augsprossen sind die Hirsche wiederzuerkennen
7	$\frac{0 \quad 0 \quad 3 \quad 3}{3 \quad 1 \quad 3 \quad 3}$ x 2 = 32 Zähne Der Zahnwechsel ist mit 28 Monaten abgeschlossen. Die Altersbestimmung erfolgt nach dem Zahnabschliff (dunkles Dentin ist härter und nutzt weniger ab); Grandeln oder Haken sind sehr selten
8	Pirsch, Ansitz (in der Brunft häufig besonders erfolgreich am Vormittag), Drückjagd
9	BJG: Hirsche: 1. Sep. - 31. Jan. Schmalspießer: 1. Jul. - 28. Feb. Alttiere: 1. Sep. - 31. Jan. Schmaltiere: 1. Jul. - 31. Jan. Kälber: 1. Sep. - 28. Feb. Abweichende Landesregelungen: Schmalspießer: B-W, BAY, NDS = 1. Jul. - 31. Jan.

Damwild

	HES =	1. Aug. - 31. Jan.
	HH, NRW, S-H =	1. Sep. - 31. Jan.
Schmaltiere:	HES, S-H =	1. Aug. - 31. Jan.
	HH, NRW =	1. Sep. - 31. Jan.
Kälber:	B-W, BAY, NDS =	1. Sep. - 31. Jan.

10 Damwild eignet sich besonders gut zur Gatterhaltung wegen der geringen Anfälligkeit gegen Krankheiten und Parasiten; wird dann sehr zahm.

Damhirsche wickeln häufiger als andere Schalenwildarten Draht und Kabel um Geweih und Kopf. Sie müssen in schweren Fällen erlegt werden, da sie sonst qualvoll eingehen

Sikawild

1 a	Gedrungener kompakter Körperbau mit relativ kleinem Kopf, insgesamt etwas kleiner als Damwild. Die Sommerdecke ist gelb-rot und gefleckt mit hellerer, aber nicht weißer Bauchseite. Der weiße Spiegel kann weit gespreizt werden. Wedel kurz und wenig in Bewegung. An den Hinterläufen unterhalb des Sprunggelenkes befinden sich deutlich sichtbare weiße Haarbürsten. Hirsche tragen kurze Mähne. Im Winter ist die Decke dunkelbraun mit einem fast schwarzen Aalstrich bis zum Wedel. *Gewicht: Hirsche:* 30 - 50 kg; *Alttiere:* 25 - 30 kg
b	Länglicher Fährtenabdruck, stark gespreizt; Ballen deutlich sichtbar
c	Kotperlen ohne Zäpfchen und Näpfchen; im Frühjahr und Sommer teilweise breiig
2 a	Dichte Laub- und Mischwälder mit eingestreuten Lichtungen in der Ebene und im Mittelgebirge
b	Vielfältige Äsung. Wenig Laub-, aber gerne Knospen- und Zweigäsung; Himbeere und Brombeere, Rüben; schält praktisch nicht
3	Das aus Ostasien stammende Sikawild wurde im vorigen Jahrhundert in Europa in Parks eingebürgert. In freier Wildbahn (Dänemark, S-H, NRW, B-W) rudelt es stark, wobei das Kahlwild und junge Hirsche gemischte Rudel bilden, während die Hirsche in Trupps zusammenstehen. Sikawild ist anspruchslos und außerordentlich widerstandsfähig gegen Krankheiten. Es äst abends und morgens, ist schnell auf den Läufen, aber nicht ausdauernd und suhlt gern und ausgiebig. Daher sind Wasserstellen im Revier erforderlich. Abwerfen und Verfärben im Mai/Juni, Fegen und Winterdeckenverfärbung im September
4 a	September/Oktober bis zum Ende November ist Brunft. Der Hirsch pfeift schrill. Erbitterte, ritualisierte Kämpfe finden nur zwischen fast gleichstarken Hirschen statt
b	30 - 31 Wochen
c	Das Alttier schlägt kurz vor dem Setzen das vorjährige Schmaltier oder den Schmalspießer ab und setzt abseits 1, selten 2 Kälber. Nach kurzer Zeit schließen sie sich wieder dem Rudel an

Sikawild

5 a Magen-, Lungen- und Haarwürmer, Rachenbremse, Dasselfliege

b Tollwut, Milzbrand, Wild- und Rinderseuche, Maul- und Klauenseuche (Sikawild gilt als die am wenigsten krankheitsanfällige Schalenwildart)

6 Das Geweih. Bildet im Vergleich zu anderen Hirschen nur einen geringen Kopfschmuck, der über die Achterstufe selten hinausgeht. Die Enden zeigen nach innen und oben. Vom 3. Kopf an wirft der Hirsch im April ab (alt vor jung) schiebt bis Juni das neue Geweih und fegt bis August. Der Höhepunkt in der Geweihentwicklung liegt um den 7. - 8. Kopf

7 $\frac{0 \quad 1 \quad 3 \quad 3}{3 \quad 1 \quad 3 \quad 3}$ x 2 = 34 Zähne

Der Zahnwechsel ist nach 28 Monaten abgeschlossen. Die Grandeln sind zwar klein, aber gebräunt. Die Altersbestimmung erfolgt nach Zahnabschliff

8 Ansitz, Pirsch, Drückjagd

9

BJG:	Hirsche:	1. Sep. - 31. Jan.
	Schmalspießer:	1. Jul. - 28. Feb.
	Alttiere:	1. Sep. - 31. Jan.
	Schmaltiere:	1. Jul. - 31. Jan.
	Kälber:	1. Sep. - 28. Feb.

Abweichende Landesregelungen:

Schmalspießer:	B-W, BAY, NDS =	1. Jul. - 31. Jan.
	HES =	1. Aug. - 31. Jan.
	HH, NRW, S-H =	1. Sep. - 31. Jan.
Schmaltiere:	HES, S-H =	1. Aug. - 31. Jan.
	HH, NRW =	1. Sep. - 31. Jan.
Kälber:	B-W, BAY, NDS =	1. Sep. - 31. Jan.

10 Eine Vermischung mit dem Rotwild soll vorkommen.
Wildbret gilt als besonders hochwertig

Rehwild

1 a	Decke im Sommer rot-braun; im Winter grau-braun; Kitze gefleckt. Farbvariationen: rot, schwarz, selten weiß. Spiegel mit deutlicher Schürze beim weiblichen Rehwild; *Gewicht:* 15 - 20 kg und mehr
b	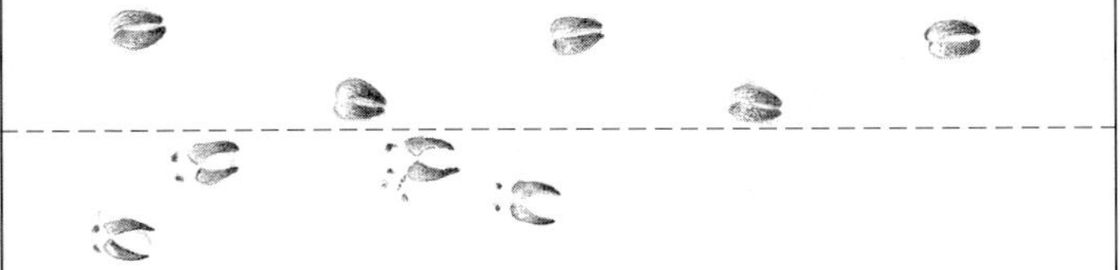 Dreiviertel des Schalenabdrucks Ballen. Vertraut ziehend = geschlossener Abdruck; Flüchtig = gespreizt mit deutlichen Geäfterabdrücken
c	Winterlosung = einige runde Kotbeeren; Sommerlosung häufig breiig 
2 a	Wo Wald und Feld Deckung und vielfältige Äsung bieten
b	Äsung vielfältig mit hohem Anteil an grobfaseriger Trockenmasse. Hauptäsung: grüne Pflanzen aller Art, zarte Blätter und junge Triebe, Wald- und Feldfrüchte
3	Lebt anpassungsfähig und standorttreu im Familienverband (Ricke, Kitze). Böcke markieren den Einstand (Duftabsonderungen) auf Fege- und Plätzstellen. Im Winter bildet es Notgemeinschaften in größeren Sprüngen
4 a	Blattzeit Juli/August. Bock treibt und beschlägt alle brunftigen weiblichen Stücke seines Einstandes. Bock duldet keine Nebenbuhler in seinem Territorium
b	9 Monate, bedingt durch Eiruhe
c	Häufig 1, meistens 2, selten 3 Kitze Ende April - Mitte Juni, die nur von der Ricke geführt werden. Zur Sicherheit getrennt abgelegt. Mit ca. 3 Wochen käuen die Kitze wieder, nach 8 - 9 Wochen sind sie auch ohne Milch überlebensfähig; ab August Milchproduktion der Ricke deutlich rückläufig; sporadische Saugakte bis November
5 a	Magen- und Lungenwurm, Leberegel, Rachenbremse, Dasselfliege

Rehwild

b Tollwut

6 Nur der Bock trägt ein Gehörn. Bockkitz schiebt Erstlingsknöpfe im November, Abwurf im Februar, erneutes Schieben und Fegen Juni/Juli. Erwachsene Böcke: Abwurf im Okt./Nov. und Fegen März bis Mai. Stärkeklassen nach Alter, Gehörngewicht und Gehörnaufbau. Endform normalerweise Sechser. Viele Variationen im Gehörnaufbau möglich (bedingt durch Erbanlagen, Wilddichte, Krankheiten, Verletzungen, harte Winter, Hormonstörungen)

7 $\frac{0 \quad 0 \quad 3 \quad 3}{3 \quad 1 \quad 3 \quad 3} \times 2 = 32$ Zähne

8 Ansitz, Pirsch, Blattjagd, (Ansitz-) Drückjagd

9

BJG:	Böcke:	16. Mai - 15. Okt.
	Ricken/Geißen:	1. Sep. - 31. Jan.
	Schmalrehe:	16. Mai - 31. Jan.
	Kitze:	1. Sep. - 28. Feb.

Abweichende Landesregelungen:

Schmalrehe:	HB, NDS, S-H =	1. Sep. - 31. Jan.
	NRW =	16. Mai - 15. Jun. und 1. Sep. - 31. Jan.
Kitze:	B-W, BAY, HB, HES, NDS =	1. Sep. - 31. Jan.

10 *Jung* = kindlicher Gesichtsausdruck, buntes Gesicht, dünner Träger, früh verfärbt, spät verfegt, gesellig; Gehörn = Masse häufig nach oben.

Alt = argwöhnischer Gesichtsausdruck, graues Gesicht, „kurzer“ Träger, spät verfärbt, früh verfegt; Gehörn: Masse häufig unten, evtl. Dachrosen; Einzelgänger

Muffelwild

1 a Der *Muffelwidder* hat eine kurze, rötlich-braune Sommerdecke mit heller Bauchseite. Spiegel, Äser und Innenseiten der Läufe weiß. Trägt auf gewundenen Stirnzapfen Schnecken. Mit etwa drei Jahren bildet der Widder häufig auf beiden Flanken Sattelfleck (Schabracke) und dunklen Kragen am Träger. Die dichte, üppige Winterbehaarung ist dunkler. Das *Schaf* ist weniger lebhaft gezeichnet, ohne Kragen und sehr selten mit Andeutung des Sattelflecks; trägt selten Stümpfe. *Gewicht: Widder:* 35 - 50 kg; *Schaf:* 30 - 40 kg

b

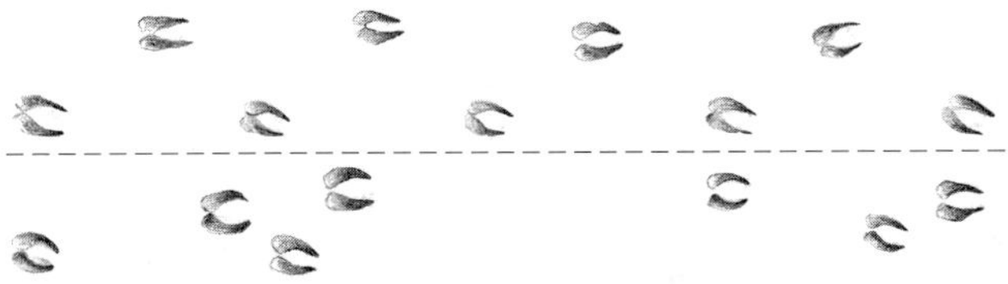

Schmaler, an der Spitze leicht geöffneter Schalenabdruck; flüchtig immer gespreizt, aber nie mit Geäfter. Schalenmißbildungen sichtbar

c Frühjahrslosung häufig klumpig, sonst gezapft

2 a Waldbewohner. Liebt lichte Bestände mit wenig Unterholz. Stammt aus Sardinien und Korsika und wurde bei uns ausgesetzt

b Anspruchslos. Kräuter, Gräser, Beerensträucher, Waldfrüchte. Hoher Salzbedarf. Salzlecken bei Frost einsammeln, da Muffelwild sonst aus Wassermangel schält

3 Lebt in wechselnden Gemeinschaften sehr gesellig. Nur alte Widder sind Einzelgänger. Alle Sinne sehr gut ausgebildet, besonders der Gesichtssinn. Es warnt durch Aufstampfen mit den Vorderläufen und durch Pfeifen. Es verträgt sich mit anderen Wildarten bis auf das Rehwild, das die Einstände des Muffels verläßt. Hindernisse können bis zu 2,5 m Höhe und 8 - 10 m Weite überwunden werden. Es leidet unter Mißbildungen an den Schnecken (Einwachser und Scheurer), Schalenverwachsungen und vielen Krankheiten (Moderhinke), wie auch an unter unreinen oder ungünstig eingekreuzten Beständen

Muffelwild	
4 a	Oktober - Dezember. Die alten Widder tragen Kämpfe um die brunftigen Schafe aus, wobei sie mit den Stirnwaffen hart aufeinanderprallen. Verletzungen sind selten. Das Brunftgeschehen verläuft eher ruhig
b	22 Wochen
c	Das Schaf setzt im März - Mai 1, selten 2 Lämmer. Schon kurze Zeit nach dem Setzen folgt der Nachwuchs dem Mutterschaf überall hin. Er wird ein halbes Jahr gesäugt und ist dann selbständig
5 a	Magen-, Darm-, Lungenwürmer, Leberegel, Coccidiose, Herbstgrasmilbe, Knötchenwurm
b	Milzbrand, Maul- und Klauenseuche, Wild- und Rinderseuche
6	Das Gehörn (Schnecken). Bis zum 5. Jahr deutliche Schübe im Hornaufbau, die durch Abschnürungen jährlich kenntlich sind. Danach läßt der Zuwachs nach, und die Schnecken werden durch die Abnutzung an den Hornspitzen kaum länger. Von der Seite betrachtet wächst die Schnecke im Kreis. Alte, gute Widder schließen den Kreis
7	$\frac{0 \quad 0 \quad 3 \quad 3}{3 \quad 1 \quad 3 \quad 3} \times 2 = 32$ Zähne Der Zahnwechsel ist nach dreieinhalb Jahren abgeschlossen; dann Altersbestimmung nach dem Abschliff
8	Ansitz und Pirsch
9	BJG: 1. Aug. - 31. Jan.
10	Kreuzt sich mit Hausschafen (z.B. Heidschnucken); diese Kreuzungen gehen dann auch auf den Feldern stärker zu Schaden. Auf zu weichem Untergrund häufig Probleme durch zu geringe Abnutzung der Schalen; dadurch Mißbildungen (Auswachsungen, Schabelschuh) und Entzündungen

Gamswild

1 a	Beide Geschlechter tragen Krucken. Auffällig ist das weißgraue Gesicht mit dem dunklen Zügel vom Windfang über die Lichter bis zum Kruckenansatz. Die Sommerdecke ist hellbraun mit einem dunklen Aalstrich auf dem Rücken bis zum kurzen Wedel (Blume); die längere Winterdecke ist dunkelbraun bis schwarz. *Gewicht: Bock:* 20 - 30 kg, *Geiß:* 18 - 25 kg
b	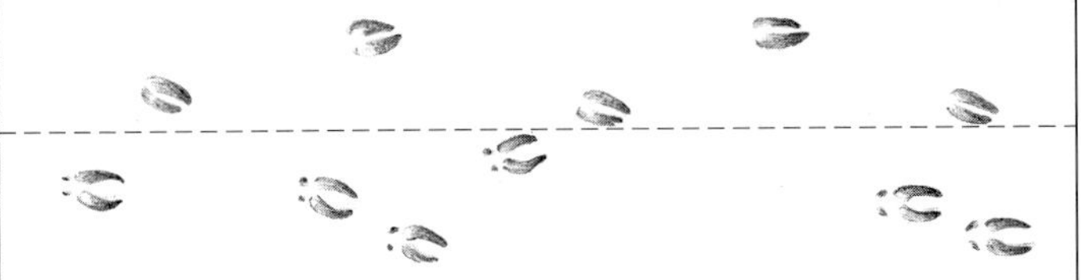 Vertraut ziehend sind die Schalenabdrücke länglich und deutlich getrennt; der scharfe Schalenrand und der weiche Ballen sichtbar. Flüchtig ist der Abdruck stark gespreizt und das Geäfter direkt dahinter abgesetzt
c	Fast kugelförmig, häufig zusammengedrückt klumpig. Beim Bock größer 
2 a	Das Gamswild bevorzugt felsige, unzugängliche Gebiete, im (Hoch) Gebirge, vorwiegend oberhalb der Baumgrenze
b	Klee, Leguminosen (Schmetterlingsblütler), Weichhölzer (Weide, Eberesche) und Nadelhölzer (Tanne, Latschenkiefer), aber auch Sträucher (Wachholder, Alpenrose)
3	Tagaktiv, abwechselnd äsend und ruhend wiederkäuend. Es zieht gegen Abend zu den Nachtquartieren. Sucht windgeschützte ruhige Plätze und lebt gesellig in großen Rudeln. Ältere Böcke sondern sich ab und leben in Trupps oder allein. Das Gamswild ist ein gewandter, sicherer Kletterer und springt bergauf besser als bergab. Es rinnt gut, wenn auch nicht freiwillig. Auf tragendem Altschnee veranstalten vor allem die Kitze unter erstaunlichen Verrenkungen den „Gemsentanz". Die Sinne sind ausgezeichnet ausgebildet. Das Gamswild warnt durch Pfeifen und Aufstampfen der Vorderläufe. Haarwechsel im Mai und September
4 a	Im Nov./Dez. gesellen sich in der Brunft die Böcke zu den Geißen. Die Reviermarkierungen erfolgen durch das Reiben der Duftdrüsen (Brunftfeigen, die hinter den Krucken liegen)

Gamswild

	an Gräsern und Sträuchern. Es werden erbitterte Rivalenkämpfe (vorwiegend in Form von Hetzjagden) um die nur für 2 Tage brunftigen Geißen ausgetragen. Durch dieses kräftezehrende Treiben gehen die brunftaktiven Böcke teilweise deutlich geschwächt in den Winter und stellen einen hohen Fallwildanteil
b	23 Wochen
c	Im Mai setzt die Geiß 1 - 2 (selten 3) Kitze, die sofort der Geiß auf Schritt und Tritt folgen können; die Kitze sind sehr fürsorgebedürftig. Nach rund 8 Wochen gesellen sie sich wieder zum Großrudel (Scharwild, Geraffel)
5 a	Magen-, Darm- und Lungenwürmer, Leberegel, Bandwürmer, Dasselfliege, Gamsräude
b	Milzbrand, Maul- und Klauenseuche, Gamsblindheit
6	Die Krucken, der Gamsbart und die Bezoare (harte Magenkugeln aus Haaren, Harz und unverdaulichen Pflanzenanteilen). Die Krucken des Bockes sind stärker und mehr gehakelt, die Spitzen weisen nach innen. Die der Geiß weisen nach außen. Die Hornschläuche, die auf einem Stirnzapfen dauerhaft sitzen, weisen für jedes Jahr deutliche Einschnürungen auf (Altersbestimmung)
7	$\frac{0 \quad 0 \quad 3 \quad 3}{3 \quad 1 \quad 3 \quad 3} \times 2 = 32$ Zähne Der Zahnwechsel ist nach 45 Monaten abgeschlossen. Die Altersbestimmung erfolgt später nach dem Abnutzungsgrad der Schneide- und Backenzähne
8	Hauptsächlich Pirsch, seltener Ansitz
9	BJG: 1. Aug. - 15. Dez.
10	Schwierige Bejagung aufgrund des unwegsamen Lebensraumes. Bei alten Stücken verschwimmt die deutliche Zeichnung des Zügels immer mehr

Steinwild

1 a	Das wuchtig-muskulös wirkende Steinwild hat im Sommer eine rötlich-graue kurzhaarige Decke, im Winter ist es gelblich-grau (fahl) und länger behaart (Fahlwild); Bauchseite heller, Läufe schwarz-braun. Der kurze schwarze Wedel ist grau unterlegt. Beide Geschlechter tragen Hörner, der Bock wesentlich längere und stärkere (bis 1 m) mit dreieckigem Querschnitt und deutlichen Hornwülsten vorne. Geißen tragen kurze, im Querschnitt rundere Hörner. Böcke haben einen kurzen Bart unter dem Kinn. *Gewicht: Böcke:* 35 - 60 kg; *Geißen:* 20 - 30 kg
b	Beim ruhigen Ziehen fast quadratische Abdrücke; flüchtig: gespreizt mit deutlichem Abdruck des Geäfters
c	Kugelig; meist zusammengedrückt, klumpig
2 a	Lebt in den oberen Felsenregionen des Hochgebirges, bis 3.000 m. Es braucht Ruhe und für den Wintereinstand mittlere, steile Lagen, an denen der Schnee abrutscht und die Äsung freigibt
b	Gebirgsvegetation aus Gräsern, Sträuchern und holzigen Gewächsen, aber auch Flechten. Hoher Salzbedarf
3	Das Steinwild lebt gesellig. Die Böcke bilden eigene Rudel, alte Steinböcke werden meist zu Einzelgängern. Kitze bilden sogenannte Jugendbünde. Es sind gewandte Kletterer, die auch steilste Regionen ersteigen können. Wo Ruhe herrscht, ist es tagaktiv. Zum Wiederkäuen ruht das Steinwild gern auf schattigen Plätzen oder Felsvorsprüngen. Es scheint gegen Kälte unempfindlicher als gegen große Hitze zu sein. Das Steinwild äugt sehr gut, die anderen Sinne sind geringer ausgebildet. Warnruf: ein scharfer Pfiff
4 a	Brunft im Dez./Jan. Bei den Kämpfen um die brunftigen Geißen richten sich die Böcke auf den Hinterläufen auf und stoßen mit den Hörnern heftig und geräuschvoll zusammen. Die Kämpfe selbst sind ritualisiert und hinterlassen selten ernste Verletzungen
b	6 Monate
c	Die Geiß setzt im Mai/Juni 1, selten 2 Kitze. In den ersten Stunden folgt die Geiß dem Kitz, später umgekehrt. Fürsorgliche Aufzucht der Jungen, die mit 14 Tagen selbständig zu klettern beginnen. Geschlechtsreife im 2. - 4. Lebensjahr

Steinwild

5 a	Magen-, Darm- und Lungenwürmer, Leberegel, Bandwurm, Dasselfliege
b	Milzbrand, Maul- und Klauenseuche
6	Gehörn, Bezoare („Magensteine“), Herzkreuz. Das Höhenwachstum der Hörner des Bockes hält viele Jahre an. Die Schläuche sitzen auf langen Stirnzapfen. An den Einschnürungen kann man das Alter ablesen
7	$\frac{0 \quad 0 \quad 3 \quad 3}{3 \quad 1 \quad 3 \quad 3}$ x 2 = 32 Zähne
9	BJG: Ganzjährig geschont
10	Das Steinwild wurde fast ausgerottet, da man aus Aberglauben dem Blut, dem Herzkreuz, und den Bezoaren eine Heilwirkung zuschrieb. Reste wurden streng bewacht im Nationalpark „Gran Paradiso“ (Italien) gerettet. In der Bundesrepublik gibt es heute nach Aussetzungen wieder Steinwild bei Berchtesgaden und im Inntal. Steinwild ist eine naher Verwandter der Hausziege

	Schwarzwild
1 a	Das Schwarzwild ist einfarbig von silbrig-grau bis schwarz gezeichnet. Es kommen auch Schecken vor. Die Sommerschwarte ist knapp, während die Winterschwarte unter den langen Borsten eine dichte Unterwolle aufweist. Der Wurf des Keilers ist über den Waffen leicht gewölbt, während er bei der Bache gerade verläuft. Der *Keiler* ist am Gewaff, dem Pinsel und dem Kurzwildbret unter dem Waidloch erkennbar. Die *Bache* evtl. am Gesäuge und den kurzen Haken. *Gewicht: Keiler:* 75 - 175 kg, sehr schwankend nach Alter und Jahreszeit; *Bache* ungefähr die Hälfte
b	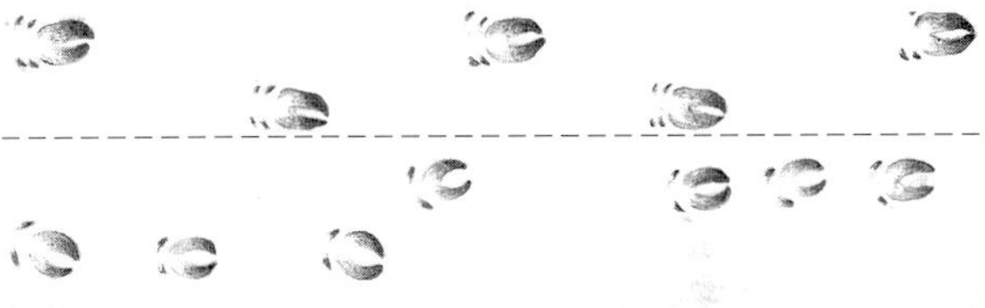 Unverkennbar. Das Geäfter ist immer seitlich versetzt abgedrückt
c	Kugelig bis wurstförmig 
2 a	Liebt sonnige Laubwälder und Nadelholzdickungen für den Tagesaufenthalt, wo es sich in Kesseln einschiebt; Sumpf und Tümpel zum Suhlen
b	Allesfresser; tierische (auch Aas), überwiegend jedoch pflanzliche Anteile (Vorlieben: Mais, Milchhafer, Weizen, Kartoffeln)
3	Keiler werden mit ca. 2 Jahren zu Einzelgängern. Bachen, Frischlinge und schwache Überläufer leben in Rotten mit ausgeprägtem Sozialgefüge zusammen. Sie sind standorttreu, wenn sie nicht gestört werden, ziehen teilweise aber auch sehr weit. Die Sinne sind bis auf den Gesichtssinn hervorragend ausgebildet. Wenn die Sauen sich sicher fühlen, bewegen sie sich sehr laut, sonst aber auch so leise wie der Fuchs. Warnlaute: Brummen, Wuffen oder Blasen. Schwarzwild suhlt gern und ausgiebig und nimmt in der Nähe Malbäume an. Hebt Gatterzäune an und öffnet sie damit auch für anderes Wild (Rehwild!)
4 a	Rauschzeit von Nov. bis Jan. Keiler stoßen zu den Rotten, in denen die Leitbache die Rausche auch für alle anderen

Schwarzwild

	geschlechtsreifen weiblichen Stücke auslöst (Synchronrausche). Bei Nichtbeschlag kommt es zum Nachrauschen 3 Wochen später. Bei mangelndem Sozialgefüge (z.B. Tod der Führungsbache) rauschen die Rottenmitglieder häufig zu unterschiedlichen Zeiten
b	120 Tage (3 Monate, 3 Wochen, 3 Tage)
c	Die Bache frischt im März/April abseits der Rotte in einem sicheren, ausgepolsterten Kessel 2 - 8 Frischlinge, die gestreift sind. Sie bevorzugt dazu Standorte, die hohe Sonneneinstrahlung aufweisen. Die Frischlinge werden zu jeder Zeit von der Bache wehrhaft verteidigt. Nach 2 - 3 Wochen kommen die Rotten wieder zusammen
5 a	Magen-, Darm- und Lungenwürmer, Trichinen (Trichinenbeschau), Sarcoptesräude
b	Schweinepest, Tollwut, Schweineseuche, Rotlauf, Aujeszky'sche Krankheit
6	Die Waffen und die Schwarte
7	$\frac{3\quad 1\quad 4\quad 3}{3\quad 1\quad 4\quad 3} \times 2 = 44$ Zähne
8	Ansitz, Pirsch, Festmachen bei einer Neuen und Drückjagd. Bejagung: scharfer Eingriff in die Jährlingsklasse (ca. 70%) und die Überläuferklasse; Schonen der Mittelklasse und der Bachen, überlegter Abschuß von wirklichen Hauptschweinen. Lüneburger Modell: Mindestens 90% der Strecke Frischlinge und Überläufer bis 50 kg. Erntekeiler mindestens 5 Jahre alt oder 100 kg schwer
9	BJG: 16. Jun. - 31. Jan. (vorbehaltlich der Bestimmungen des § 22 Abs. 4 des BJG darf die Jagd auf Frischlinge und Überläufer das ganze Jahr ausgeübt werden) Abweichende Landesregelungen: NRW = Frischlinge (noch nicht einjährige Stücke): ganzjährig SAL = 1. Jul. - 31. Jan. (Frischlinge und schwache, nichtführende Überläufer ganzjährig, keine Treibjagd vom 16. Jan. - 30. Jun.) S-H = 16. Jul. - 31. Jan.
10	Schwarzwild ist wehrhaftes Wild, das auf den angetragenen Schuß kaum zeichnet. Angeschweißt nimmt es häufig an. Das Wildbret wird hoch geschätzt

Hase

1 a	Balg braun-schwarz (pfefferig) gezeichnet mit weißer Bauchseite. Blume oberseits schwarz, unterseits weiß. Lange Löffel mit schwarzer Spitze. Hinterläufe deutlich länger als die vorderen. Große braune Seher. Beide Geschlechter sind gleichgezeichnet. *Gewicht:* 3 - 6 kg
b	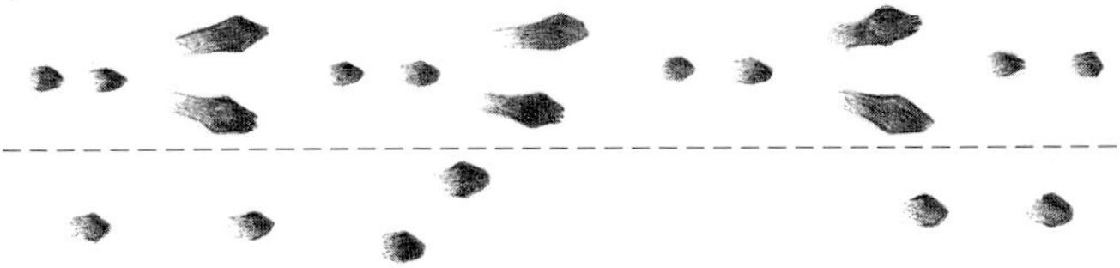 Vorderläufe werden hintereinander, Hinterläufe nebeneinander und vor die Vorderläufe gesetzt
c	Fast runde, verstreut liegende Kotpillen. Blinddarmlosung wird erneut aufgenommen (Kotfresser) 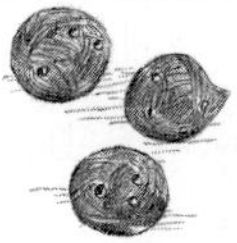
2 a	Der Hase kommt in ganz Europa vor. Er liebt Biotope mit einer Vielzahl von Kräutern, Deckung; wenig Feuchtigkeit im Frühjahr, trockene Sommer und wenig Schnee im Winter (schwere Böden = viele Hasen)
b	Abwechslungsreiche Äsung. Kräuter, Klee, Feld- und Waldfrüchte, Sträucher, die Rinde junger Bäume. Nimmt selten Wasser direkt auf; deckt den Feuchtigkeitsbedarf durch wasserhaltige Äsung
3	Sehr standorttreu. Einzelgänger, wenn er auch andere in seiner Nähe duldet. Ruht in seiner Sasse, auf seine Tarnfarbe vertrauend. Wirksamste Waffe ist die schnelle, hakenschlagende Flucht. Mehr nacht- als tagaktiv. Vernimmt ausgezeichnet, wittert weniger gut, Gesichtssinn ist gering ausgebildet. Sein Spring- und Schwimmvermögen ist gut. Die Zahl seiner Feinde ist sprichwörtlich
4 a	Fast während des ganzen Jahres ist Rammelzeit (bis auf Okt./Dez.). Meist folgen mehrere Rammler der begattungswilligen Häsin. Bei den Rivalenkämpfen „fliegt die Wolle". Superfötation (erneute Befruchtung während der Tragzeit) möglich
b	42 - 43 Tage (3 - 4 Sätze pro Jahr)

Hase

b	Im März setzt die Häsin zum ersten Mal (Märzhasen). 2 - 4 Setzhasen, vollbehaart und sehend (Nestflüchter), die 2 - 3 Wochen (häufig nur einmal täglich) nachts gesäugt werden. Sind bald selbständig
5 a	Coccidiose, Magen-, Darm- und Lungenwürmer, Hasen- und Knotenseuche, Leberegel
b	Nagerpest, Tollwut
7	$\frac{2 \quad 0 \quad 6}{1 \quad 0 \quad 5}$ x 2 = 28 Zähne Die Nagezähne wachsen ständig nach und werden entsprechend abgenutzt; Verwachsungen selten. Der Hasenschädel hat hinter dem Gaumen eine apfelförmige Schädelöffnung
8	Ansitz, Suche mit dem Vorstehhund, Vorstehtreiben, Streife, Kesseltreiben
9	BJG: 1. Okt. - 15. Jan. Abweichende Landesregelungen: B-W, HES = 1. Okt. - 31. Dez. BAY = 1. Okt. - 15. Dez. HH, NRW, S-H = 16. Okt. - 15. Jan.
10	*Altersbestimmung:* Junghasen haben im 1. Jahr Stroh sche Knötchen oberhalb des Fußwurzelgelenks, später nicht mehr fühlbar, da verwachsen. Erlegte Hasen immer sofort „nässen“ lassen oder bei wamer Witterung auswerfen. Wenn der Hase flüchtet, drückt er seine Blume nach unten. Verwandter: der *Schneehase*, der im Sommer goldbraun, im Winter bis auf die schwarzen Löffelspitzen schneeweiß gezeichnet ist

Kaninchen

1 a	Der Balg des Kanin ist bei beiden Geschlechtern einfarbig grau bis auf die grau-weiße Bauchseite und die hinterseits weiße Blume. Farbvariationen von weiß und schwarz, sowie Einkreuzungen von entlaufenen Hauskaninchen kommen vor. Löffel ohne schwarze Spitzen. Dunkle Seher. *Gewicht:* 1,5 - 2 kg
b	Ähnlich der Hasenspur, nur kleiner. Die Vorderläufe werden wie die Hinterläufe nebeneinander gesetzt
c	Kleine, dunkle, feste Perlen, die auf Kothügeln abgesetzt werden. Blinddarmlosung wird erneut aufgenommen (Kotfresser)
2 a	Kommt anpassungsfähig in ganz Europa vor und ist ebenso als Kulturfolger in den städtischen Anlagen und Gärten zu finden
b	Grünäser mit besonderer Vorliebe für landwirtschaftlich bebaute Flächen, aber auch für Wildpflanzungen und Weinbaugebiete
3	Lebt standorttreu in Kolonien und liebt buschbestockte Sandböden, in denen es die einfachen Erdbaue mühelos anlegen kann. Aktionsradius um den Bau etwa 100 m. Alle Sinne sind sehr gut ausgebildet, besonders das Gehör. Läuft schnell, schlägt kurze Haken, ist jedoch nicht ausdauernd. Tag- und nachtaktiv. Bei Gefahr Warnung durch Trommeln mit den Hinterläufen, dann sofort in den Bau. Der hohe Flüssigkeitsbedarf wird durch die Nahrung gedeckt, selten wird Wasser direkt aufgenommen
4 a	Rammelzeit von März bis zum Spätsommer. Jede Häsin wird 4 - 5 mal im Jahr hitzig
b	28 - 31 Tage (4 - 5 Sätze im Jahr)
c	Die Häsin gräbt eine einfache Setzröhre von 1,5 bis 2,5 m Länge abseits vom Stammbau und bringt dort in einem gepolsterten Nest 3 - 6 Junge nackt und blind zur Welt. Die Jungen bleiben dort ca. 3 Wochen und werden 1 - 2 mal täglich gesäugt. Beim Verlassen wird die Setzröhre jedesmal von der Häsin sorgfältig wieder geschlossen und benäßt. Nach 4 Wochen erfolgt der Anschluß an den Familienbau, die Setzröhre wird aufgegeben
5 a	Coccidiose, Leberegel, Magen-, Darm- und Lungenwürmer
b	Myxomatose, Tollwut, Pseudotuberkulose, Nagerpest

Kaninchen

7	$\frac{2 \quad 0 \quad 6}{1 \quad 0 \quad 5}$ x 2 = 28 Zähne Die Nagezähne wachsen ständig und werden entsprechend abgenutzt. Selten Verwachsungen. Der Kaninschädel hat hinter dem Gaumen eine birnenförmige Schädelöffnung
8	Ansitz, Treibjagd, Suche mit dem Vorstehhund an trockenen, windstillen Tagen; Frettieren
9	BJG: ganzjährige Jagdzeit, mit Ausnahme der Elterntiere in der Setzzeit
10	Darf nicht ausgesetzt werden. Wildschaden ist ersatzpflichtig. Das Kanin hält die Blume bei der Flucht nach oben

Biber

1 a	Der Biber hat einen flachen, länglichen Kopf mit orangefarbenen Nagezähnen und kurzen Gehören. Der lange Rumpf endet an der bis 1/2 körperlangen abgeplatteten unbehaarten Kelle. Die Läufe sind kurz, und an den Hinterbranten befinden sich Schwimmhäute zwischen den Zehen. Der dunkelbraune Balg ist dicht behaart mit wasserundurchlässiger Unterwolle; unterseits etwas heller. Beide Geschlechter sind gleichgezeichnet. *Gewicht:* 20 - 30 kg
b	Schleifspur der Kelle und Abdruck der Ballen der Vorderläufe ohne und der Hinterläufe mit Schwimmhäuten
c	Wird stets im Wasser abgesetzt; kugelig, mit groben Pflanzenteilen
2 a	Stehende und langsam fließende Gewässer mit Auewald an den Rändern (bes. Aspe, Weide, Esche, Birke, Erle usw.)
b	Rinde und Schößlinge von Weichhölzern, Blätter, Wurzeln, Beeren und Wasserpflanzen (bes. Seerosen)
3	Der Biber braucht möglichst konstante Wasserstände, die er sich auch durch den Bau von Dämmen schaffen kann. Nur an flachen Ufern baut er Seeburgen. Sonst gräbt er in die Uferböschung einen Erdbau mit geräumigem Kessel und mehreren Ein- und Ausstiegen, die unter Wasser münden. Er lebt monogam im Familienverband und ist hauptsächlich nachtaktiv; ein ausgezeichneter Schwimmer, dafür an Land eher unbeholfen. Fällt Bäume mit einem Durchmesser bis zu 50 cm durch Abnagen (Sanduhr) ohne die Fällrichtung zu bestimmen. Die Zweige werden zerlegt, verbaut, gefressen, oder für den Winter eingelagert. Hält keinen Winterschlaf
4 a	Brunftzeit im Jan./März
b	15 Wochen
c	Die Fähe wölft in einem ausgepolsterten Kessel im Mai 2 - 3, selten mehr Junge, die schon sehen können und dunkel behaart sind. Die Jungen werden 8 Wochen gesäugt und sind dann selbständig. Können schon früh schwimmen und tauchen. Bleiben 2 Jahre im Familienverband
6	Der Balg

Biber

7	$\frac{1 \quad 0 \quad 1 \quad 3}{1 \quad 0 \quad 1 \quad 3}$ x 2 = 20 Zähne Die Nagezähne wachsen ständig nach und werden entsprechend abgenutzt
9	Unterliegt nicht dem BJG
10	Wegen seines wertvollen Balgs und früher des Bibergeils (Fettdrüse am Waidloch; Volksmedizin) fast ausgerottet. Neuerdings gute Ansätze der Wiederansiedlung (Elbpopulation). Der *Nutria* oder *Sumpfbiber* stammt aus Südamerika. Bei uns aus Zuchtfarmen entlaufen. Er wird bis 9 kg schwer und hat eine körperlange, runde, geschuppte Rute

Murmel

1 a	Gedrungener Körper, kleine Gehöre, dunkle Seher, flacher Schädel. Bürzel 1/4 körperlang, Endteil schwarz. Balg oberseits gelb- bis grau-braun, unterseits rötlich-gelb. *Gewicht:* 4 - 7 kg
2 a	Das Murmel lebt im Alpenraum oberhalb der Baumgrenze
b	Zarte Pflanzen und Gräser, deren Samen; Wurzeln
3	Die Murmel graben Baue zum Schutz vor Feinden und Kälte. Sie leben gesellig in Kolonien. Von Okt. bis April halten sie in den ausgepolsterten Bauen Winterruhe, die nur zum Nässen alle vier Wochen in einem besonderen Teil des Baues unterbrochen wird. Während der Winterruhe werden die angefressenen Fettreserven aufgebraucht. Die Sinne des Murmel sind gut entwickelt, wobei der Gesichtssinn hervorsticht. Sie warnen durch Aufrichten und Pfeifen. Erst mit 3 - 4 Jahren geschlechtsreif
4 a	Nach dem Winterschlaf ist im April/Mai Bärzeit. Alle geschlechtsreifen Bären der Kolonie begatten die nur einen Tag brunftige Katz
b	35 Tage
c	Die Katz setzt im Juni/Juli in einem verlassenen Winterbau in einem ausgepolsterten Nest 2 - 4 Affen, die blind und nackt sind. Dort werden sie 5 Wochen gesäugt. Bei jedem Verlassen wird der Bau von der Katz mit Heu verschlossen
5 a	Magen-, Darm- und Lungenwürmer, Coccidiose, Bandwurm
b	Tollwut, Pseudotuberkulose
6	Der ganze Murmel
7	$\frac{1 \quad 0 \quad 2 \quad 3}{1 \quad 0 \quad 1 \quad 3} \times 2 = 22$ Zähne
8	Ansitz am Bau
9	BJG: ganzjährig geschont
10	Das Fett des Murmel wurde in der „Volksmedizin der Alpenländer“ bei Gliederschmerzen aufgetragen (Mankeifett)

Bisam

1 a	Die gedrungen wirkende, etwa kaninchengroße Bisamratte hat einen seitlich zusammengedrückten, 2/3 körperlangen Schwanz, der kaum behaart ist. Die Läufe sind kurz, die Schwimmhäute an den Zehen der Hinterläufe unvollständig. Der dichte braune Balg ist unterseits gelb-braun gezeichnet. Es kommen viele Farbschattierungen vor. Geschlechter sind äußerlich nicht zu unterscheiden. *Gewicht:* 1 - 2 kg
b	Kleiner Vorderbranten- und länglicher Hinterbrantenabdruck, gefingert, mit Schleifspur der Rute in Wellenlinie
c	Längliche, dunkelbraune Kotpillen
2 a	Liebt die bewachsenen Ufer von stehenden oder langsam fließenden Gewässern
b	Wasserpflanzen; auch Garten- und Feldfrüchte
3	Die Bisamratte stammt aus Nordamerika und wurde 1905 in Osteuropa ausgesetzt; kommt heute bis auf den Süden in ganz Europa vor. Durch umfangreiche Erdbaue in den Dämmen und Deichen richtet sie große Schäden an. Baut Wohnburgen mit Ein- und Ausstiegen unter Wasser. Im Bau werden neben dem Kessel auch Vorratskammern angelegt. Der Bisam schwimmt und taucht sehr gut, an Land bewegt er sich eher unbeholfen. Er lebt paar- und familienweise und hält keinen Winterschlaf
4 a	Ranz von April bis Okt.
b	28 - 30 Tage; bis zu viermal im Jahr
c	Das Weibchen bringt in einem ausgepolsterten Kessel 2 - 8 Junge zur Welt, die blind und nackt sind. Die Jungen öffnen nach 11 Tagen die Augen und werden 3 Wochen gesäugt. Mit 4 Wochen sind sie selbständig
7	$\frac{1 \quad 0 \quad 0 \quad 3}{1 \quad 0 \quad 0 \quad 3}$ x 2 = 16 Zähne
8	Ansitz mit Schrot oder der kleinen Kugel; Fallenjagd
9	Unterliegt nicht dem BJG; freier Fang; Erlegen aus vernünftigem Grund. Erfolgt die Bekämpfung (mit der Roith'schen Falle) durch amtlich bestellte Bisamjäger, so ist die Nachstellung durch andere Personen in diesem Gebiet untersagt

Bisam

10	In einigen Bundesländern staatlich organisierter Fangdienst. Bälge ganzjährig verwertbar. Fleisch hochwertig und eßbar. Moschusdrüsen: Verwertung in der Parfümindustrie

Wanderratte

1 a	Größer als die Hausratte, mit kürzeren Ohren. Schwanz fast körperlang. Oberseite grau-braun, die Unterseite grau-weiß gezeichnet; manchmal weißer Brustfleck; viele Farbschattierungen. *Gewicht:* 300 - 500 g
b	Vierfingerabdruck der Vorder- und Fünffingerabdruck der Hinterläufe
c	Dunkelbraune längliche Pillen an sog. Latrinenplätzen
2 a	Anpassungsfähig. In der Nähe von Siedlungen, Müllplätzen, der Kanalisation, aber auch in der freien Landschaft in der Nähe von Wasser vorkommend
b	Allesfresser. Pflanzen, Sämereien, Gelege und Jungwild: alles, was sie bewältigen kann; frißt z. T. lebende Beute an
3	Wanderratten leben in Familienverbänden mit ausgeprägtem Sozialgefüge. Sie legen unterirdische Baue an, die vehement verteidigt werden. Der Bau besteht aus Wohn-, Nest- und Vorratskammern und einem weitverzweigten Netz von Fluchtröhren. Sie haben einen großen Jagdbereich und sind vorwiegend dämmerungs- und nachtaktiv. Sie schwimmen und tauchen gut, klettern fällt ihnen schwerer
4 a	Ganzjährig
b	20 - 24 Tage; 3 - 5 x im Jahr
c	Das Weibchen wirft 6 - 10 Junge, die nach 14 Tagen die Augen öffnen. Die Jungen werden 3 Wochen gesäugt, sind nach 6 Wochen selbständig und nach 3 Monaten geschlechtsreif
5 a	Trichinen
b	Tollwut
8	Fallenjagd; Schrotschuß oder kleine Kugel am Teich oder der Müllhalde; verdecktes Ausbringen von Giftködern (Giftkästen)
9	BJG: entfällt, da kein Wild; freier Tierfang, Erlegen aus vernünftigem Grund
10	Wannenförmiger Fraß am Ei eines Geleges

Fuchs

1 a	Der Fuchs ist lebhaft rot-braun gezeichnet mit weißen Partien an den Lefzen, der Kehle, dem Bauch und der Luntenspitze. Die Läufe sind außen häufig dunkel bis schwarz und innen rötlich bis weiß gezeichnet. Der spitze Fang und die aufgestellten Gehöre prägen den Kopf, die dicht behaarte, lange Lunte das Gesamtbild. Farbvarianten: Birkfuchs = heller mit deutlicher Blume, Kohl- oder Brandfuchs = dunkler ohne Blume. Beide Geschlechter gleichgezeichnet. *Gewicht:* 4,5 - 8 kg; Rüden meist stärker als Fähen
b	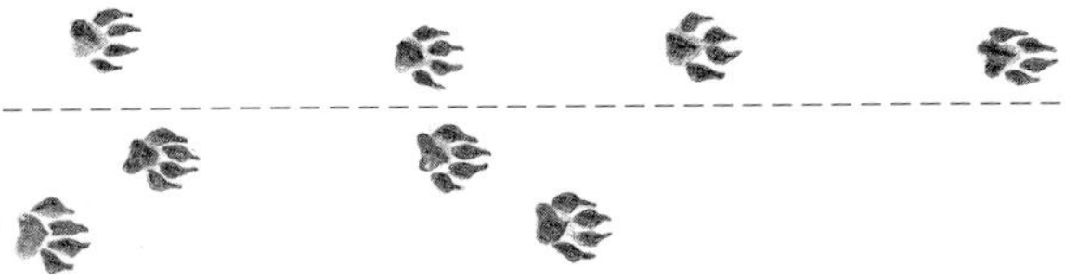 Ovaler Ballenabdruck; zwischen den Außenzehen und den Mittelzehen läßt sich quer ein gerader Strich ziehen (beim Hund ist es ein leichtes U). Beim Schnüren Perlenschnur; leicht nagelnd
c	Wurstförmig, spitz endend; meist auf markanten (überhöhten) Plätzen abgesetzt 
2 a	Anpassungsfähiger Bewohner des Flachlandes wie des Gebirges auf trockenen wie auf nassen Standorten
b	Allesfresser; vorwiegend tierische Nahrung. Was er bewältigen kann, reißt er; nimmt auch Aas. Gesundheitspolizist im Revier. Hauptfraß: Mäuse, seltener Obst und Beeren
3	Der Fuchs ist ein Einzelgänger und hauptsächlich als Pirschjäger nachtaktiv. Kein ausgesprochener Baubewohner wie der Dachs. Über Tag liegt er gern an sonnigen Plätzen. Er ist ausdauernd, vorsichtig, geschickt, schnell, rinnt gut, hat einen ausgeprägten Ortssinn und ein gutes Gedächtnis. Dazu kommen hervorragend ausgebildete Sinne. Sprichwörtlich sind alle seine Überlebenstaktiken
4 a	Ranzzeit Januar bis Mitte Februar. Nach dem Deckakt „hängen" Rüde und Fähe organisch bedingt bis zu einer Stunde zusammen
b	7 - 8 Wochen

Fuchs

c	Die Fähe wölft im März/April 4 - 6 grau-braun behaarte und blinde Welpen auf den nackten Boden des Kessel im Bau. Die Welpen werden zuerst intensiv gepflegt und gewärmt. Nur die Fähe zieht die Jungen auf. Bis zur 3. Woche werden sie gesäugt, dann wird Beute zugetragen (teilweise auch vom Rüden), die zu Anfang von der Fähe ausgewürgt wird. Nach 6 Wochen beginnen die Welpen die Fähe zu begleiten. Nach 14 Wochen sind sie selbständig
5 a	Räude, Bandwürmer, Spulwürmer
b	Tollwut (Hauptüberträger), Staupe
6	Der Balg, wenn er weiß oder „reif“ ist (November - Februar) und die Haken (Eckzähne)
7	$\frac{3 \quad 1 \quad 4 \quad 2}{3 \quad 1 \quad 4 \quad 3}$ x 2 = 42 Zähne Nach 6 Monaten Dauergebiß
8	Baujagd mit Erdhunden (speziell in der Ranz). Ansitz (bei Mond) am Luderplatz. Lockjagd (Hasenklage und Mäuseln). Treib- und Drückjagd. Fallenjagd
9	BJG: ganzjährig mit Ausnahme der Fähe in der Setzzeit. Abweichende Landesregelungen: Teilweise auch Bejagung in der Setzzeit möglich
10	Großflächige Tollwutschutzimpfung mit ausgelegten, präparierten Ködern. Einen noch lebenden Fuchs tötet man durch Fangschuß oder durch einen Schlag auf die Nasenwurzel (betäubend) und den Schlag auf die Drossel (tötend)

Dachs

1 a	Spitzer Kopf, schwarz-weiß gefärbt. Oberseite pfeffer-salzfarben, Unterseite dunkler. Körperlänge 70 - 90 cm, kurzer Pürzel. Guter Geruchs- und Gehörsinn, äugt sehr mäßig. *Gewicht* im Herbst bis 20 kg.
b	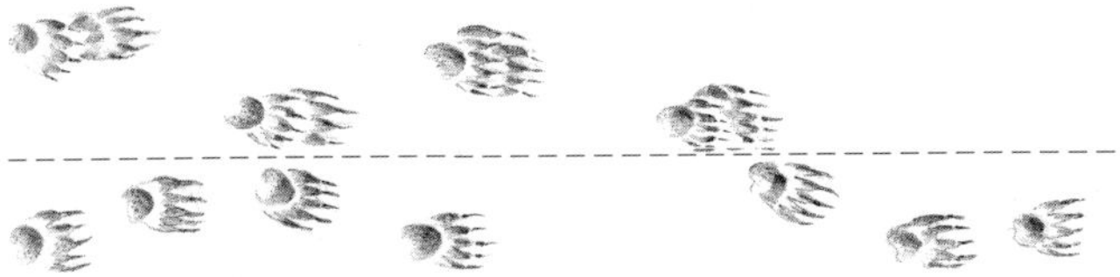 Sohlengänger, nagelt. Deutlicher Abdruck von 5 Nägeln, besonders von den Vorderbranten
c	Grob wurstförmig, ohne Spitze; mit Insekten-, Knochen- und Pflanzenteilen – je nach Fraß. In der Nähe des Baues Kotgruben, sogenannte Dachsaborte 
2 a	Waldbewohner, Randlagen zum Feld bevorzugt
b	Allesfresser; Ober- und Untermast. Überwiegend Nachtjäger
3	Bewohner eines ausgedehnten, mehrstöckigen Erdbaues, äußerlich erkennbar durch die Dachsrinne. Häufig mit Fuchs und Kanin im gleichen Bau, allerdings mit getrennten Einfahrten. Standorttreu. Monogam. Lebt gesellig. Winterruhe (polstert den Bau aus, Frühjahrsputz = Geschleife)
4 a	Ranz Juli/Aug., Ranzschreie
b	7 Monate, bedingt durch Eiruhe
c	2 - 4 weißbehaarte Welpen im Februar/März, bis 30 Tage blind. Werden 3 Monate gesäugt. Ende Mai die ersten gemeinsamen Ausflüge
5 a	Haarwürmer, Trichinen, Bandwurm
b	Tollwut
6	Schwarte, Borsten (Rasierpinsel), Dachsfett
7	$\frac{3 \quad 1 \quad 4 \quad 1}{3 \quad 1 \quad 4 \quad 2} \times 2 = 38$ Zähne

Dachs

8	Ansitz, Baujagd mit Erdhunden (Dachsgraben)
9	BJG: 1. Aug. - 31. Okt. Abweichende Landesregelungen: HB = keine Jagdzeit NRW = Empfehlung des LJV: keine Jagd
10	Kammnaht auf dem Schädel. Duftdrüse zwischen Pürzel und Weidloch = Schmalzröhre. Kann durch Verklüften Erdhunde gefährden. Nach Niedergang durch Tollwut und Baubegasung haben sich die Bestände wieder deutlich erholt

Baummarder

1 a	Der Balg des Baummarders ist rot-braun (kaffeefarben). Auffällig der gelbe geschlossene Kehlfleck, der schmale Kopf, die großen Gehöre und der schwarze Nasenschwamm. Er ist hochläufiger als der Steinmarder und hat eine lange, dichtbehaarte Rute (1/2 körperlang). Beide Geschlechter sind gleichgezeichnet. *Gewicht:* bis 1,8 kg
b	Undeutlicher Ballenabdruck durch Zwischenzehenbehaarung; rundlich. Sprungspur mit Paartritt
c	Wurstförmig, gedreht, spitz endend; auf markanten (erhöhten) Plätzen abgesetzt
2 a	Waldbewohner. Liebt geschlossene Altholzlaubwälder (Spechthöhlen). Kulturflüchter!
b	Kleinsäuger, Federwild, Insekten, frisches Fallwild, Eier, Obst
3	Nachtaktiver Einzelgänger mit ausgezeichnet entwickelten Sinnen. Schneller, eleganter Kletterer, der fast jedem Eichhörnchen überlegen ist. Standorttreu
4 a	Ranzzeit Juli/Aug.
b	8 1/2 - 9 Monate (Eiruhe)
c	Im April/Mai werden 3 - 5 Welpen in den ausgepolsterten Specht- oder anderen Baumhöhlen gewölft, die dann 6 Wochen gesäugt werden; öffnen erst danach die Seher und sind mit 3 Monaten selbständig. Der Rüde beteiligt sich nicht an der Aufzucht der Welpen
5 a	Haarwürmer, Bandwurm, Trichinen, Räude
b	Tollwut
6	Der reife Balg
7	$\frac{3 \quad 1 \quad 4 \quad 1}{3 \quad 1 \quad 4 \quad 2} \times 2 = 38$ Zähne Der 3. obere Backenzahn ist außen abgerundet
8	Pirsch, Ansitz am Pass, Ausneuen, Fallenjagd mit Marderschlagbaum oder anderen Fallen
9	BJG: 16. Okt. - 28. Feb. Abweichende Landesregelungen: HB = 1. Nov. - 31. Jan.

Baummarder

10 Eierschalen, die ein Marder zurückläßt, sind meistens noch an beiden Polen unbeschädigt.
Vorkommen im Verhältnis zum Steinmarder gering

Steinmarder

1 a	Der Balg des Steinmarders ist grau-braun. Auffällig der weiße Kehlfleck, der gegabelt bis auf die Vorderläufe reicht. Breiter Kopf und kurze Gehöre. Fleischfarbener Nasenschwamm. Lange, dicht behaarte Rute (1/2 körperlang). Kurzläufiger als der Baummarder. Beide Geschlechter gleichgezeichnet. *Gewicht:* bis 2 kg
b	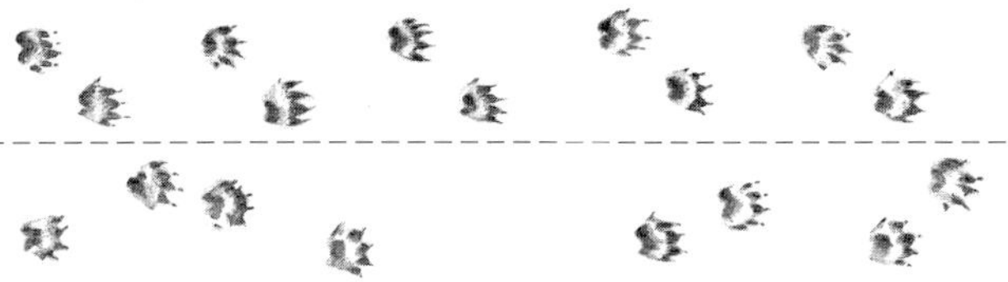 Runder, deutlicher Ballenabdruck ohne Zwischenzehenbehaarung; Sprungspur mit Paartritt
c	Wurstförmig, gedreht, spitz endend; auf (markanten) erhöhten Plätzen abgesetzt 
2 a	Der Stein- oder Hausmarder ist ein Kulturfolger (bis in die Städte). In freier Landschaft werden bevorzugt Geröllhalden, Steinbrüche und Reisighaufen angenommen
b	Kleinsäuger, Federwild, Insekten, frisches Fallwild; Eier, Obst
3	Nachtaktiver Einzelgänger mit ausgezeichnet entwickelten Sinnen. Schneller, eleganter Kletterer. Ziemlich standorttreu. Bezieht gerne Dachböden von Scheunen und Häusern
4 a	Ranzzeit Juli/Aug.
b	8 1/2 - 9 Monate (Eiruhe)
c	Im April/Mai wölft die Fähe 3 - 5 Welpen in ausgepolsterten Nestern. Die Welpen werden 6 Wochen gesäugt, öffnen erst danach die Seher und sind mit 3 Monaten selbständig. Der Rüde beteiligt sich nicht an der Aufzucht
5 a	Haarwürmer, Bandwurm, Trichinen, Räude
b	Tollwut
6	Der reife Balg
7	$\frac{3 \quad 1 \quad 4 \quad 1}{3 \quad 1 \quad 4 \quad 2} \times 2 = 38$ Zähne Der 3. obere Backenzahn ist von außen eingebuchtet

Steinmarder

8	Pirsch, Ansitz am Pass, Ausneuen, Fallenjagd (vorwiegend mit Abzugeisen in Fangbunkern)
9	BJG: 16. Okt. - 28. Feb. Abweichende Landesregelungen: HB = 1. Nov. - 31. Jan.
10	Die Eierschale, die der Marder zurückläßt, hat meistens noch beide Pole unbeschädigt. In der Gefangenschaft ist der Steinmarder leicht zu zähmen. Nagt Leitungen und Schläuche von Fahrzeugen an.

Iltis

1 a	Der Balg des Iltis ist mit dunklen Grannen und gelblicher Unterwolle versehen. Buntes Gesicht, in dem sich helle und dunkle Partien abwechseln. Knapp behaarte, kurze Gehöre. Kurze dunkle Läufe. Kurz behaarte Rute. Beide Geschlechter gleichgezeichnet. *Gewicht:* bis 1,2 kg
b	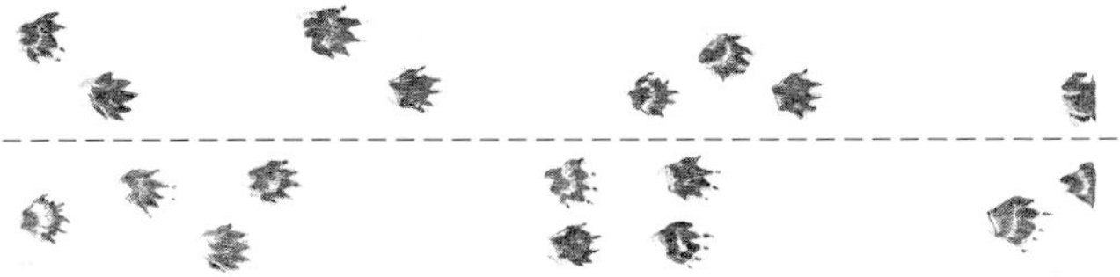 Deutlicher Ballenabdruck; kleiner als beim Marder. Paar-, Drei- und Vierertritt (flüchtig)
c	Wurstförmig, schwärzlich, gedreht, stark duftend 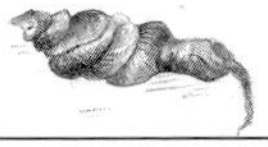
2 a	Liebt die offene Landschaft mit Wasser
b	Reptilien, Kleinsäuger, Kaninchen, Kleinvögel bis zum Fasan, Eier, Obst; legt Vorratslager an (kreuzlahm gebissene Frösche)
3	Einzelgänger, relativ standorttreu, anpassungsfähig; Nachtpirschjäger, schläft fest am Tag (häufig in Bauen); klettert nur wenig, schwimmt und taucht gut. Alle Sinne sind sehr gut ausgebildet. Gehört zur Gruppe der Stinkmarder. Die Stinkdrüse am Weidloch wird bei Erregung entleert
4 a	Ranzzeit März bis Juni
b	6 Wochen
c	Die Fähe wölft im Mai bis Juli in einem ausgepolsterten Nest unter Holz- und Reisighaufen 3 - 7 blinde Welpen, die nach einem Monat die Augen öffnen und nach 3 Monaten selbständig sind. Die Fähe zieht die Jungen allein auf
5 a	Haarwürmer, Trichinen, Bandwürmer, Räude
b	Tollwut
6	Der reife Balg
7	$\frac{3 \quad 1 \quad 3 \quad 1}{3 \quad 1 \quad 3 \quad 2}$ x 2 = 34 Zähne

Iltis

8	Fangjagd
9	BJG: 1. Aug. - 28. Feb. Abweichende Landesregelungen: HB = 1. Sep. - 31. Jan.
10	Bestände deutlich rückläufig aus Mangel an Feuchtbiotopen. *Frettchen:* domestizierter Iltis, als Albino und normalfarben (dann allerdings heller als der Iltis) vorkommend; wird zur Jagd auf Kaninchen eingesetzt

Hermelin

1 a	*Sommerzeichnung:* hellbraune Oberseite und weiße Bauchseite bis zum Kinn reichend; Laufinnenseiten ebenso weiß. Rute 1/3 körperlang, Spitze immer schwarz. Große knapp behaarte Gehöre. *Winterzeichnung:* weiß, bis auf die schwarze Rutenspitze. Beide Geschlechter gleichgezeichnet. *Gewicht:* bis 250 g. Rüden deutlich größer als Fähen
b	 Kleiner Ballenabdruck; Sprungspur mit Paartritt; auch Vierertritt
c	Dünn, länglich gedreht, schwarz
2 a	Steinhaufen, Hecken und Gebüsche, Waldränder, Baue; im Winter auch Schuppen und Scheunen
b	Hauptnahrung: Mäuse und andere Kleinsäuger bis zu Junghasen; Vögel, Eier, Amphibien, Fische, Insekten; Aas und selten Beeren
3	Einzelgänger, relativ standorttreu, anpassungsfähig, überwiegend tagaktiv. Vorwiegend im Feld lebend. Eleganter Kletterer und Springer; jagt tollkühn, verbeißt sich teilweise an der Beute. Alle Sinne sind hervorragend ausgebildet
4 a	Ranz entweder Juni/Juli oder März/April
b	8 Monate bei Eiruhe oder 8 Wochen
c	Die Fähe wölft 4 - 8 weißbehaarte Welpen, die 6 Wochen blind sind. Nach 4 Wochen nehmen sie feste Nahrung an, mit 3 Monaten sind sie selbständig
5 a	Haarwürmer, Trichinen, Bandwurm
b	Tollwut
6	Der Winterbalg
7	$\frac{3 \quad 1 \quad 3 \quad 1}{3 \quad 1 \quad 3 \quad 2}$ x 2 = 34 Zähne

Hermelin

8	Wippbrettfalle, Lockjagd mit dem Mauspfeifchen
9	BJG: 1. Aug. - 28. Feb. Abweichende Landesregelungen: HB = 1. Sep. - 31. Jan.
10	Der Besatz ist nur durch Fallenjagd feststell- und regulierbar. Meist sind mehr Großwiesel im Revier, als angenommen. Möglichst zweimal am Tag Fallenkontrolle. Großes Wiesel = andere Bezeichnung für Hermelin

Mauswiesel

1 a	Oberseits fahlbraun; unterseits weiß. Langgestreckter Körper mit kurzen Läufen; große Gehöre, kurze Rute (1/4 körperlang). Kein Unterschied in der Färbung zwischen Sommer und Winter, ebenso nicht zwischen den Geschlechtern. *Gewicht:* 30 - 60 g; Rüde deutlich größer als die Fähe
b	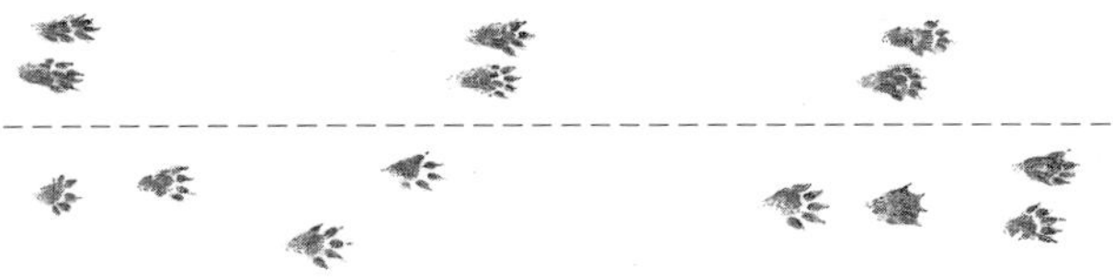 Kleiner Ballenabdruck; Sprungspur mit Paartritt; auch Vierertritt
c	Sehr dünn, länglich gedreht, schwarz 
2 a	Liebt das Feld und den Waldrand
b	Vorwiegend Mäuse; kleine Reptilien, Insekten
3	Einzelgänger, relativ standorttreu, anpassungsfähig, tag- und nachtaktiv. Kann springen und klettern, wenn auch nicht so gewandt wie das große Wiesel (Hermelin). Alle Sinne sind hervorragend ausgebildet
4 a	Ranz wahrscheinlich ganzjährig, hauptsächlich aber im Frühjahr
b	5 Wochen
c	Im Mai/Juni wölft die Fähe 3 - 7 Welpen, die blind und hell behaart sind. Die Welpen können nach 4 Wochen sehen, werden 7 Wochen gesäugt
5 a	Haarwürmer, Trichinen, Bandwurm
b	Tollwut
7	$\frac{3 \quad 1 \quad 3 \quad 1}{3 \quad 1 \quad 3 \quad 2}$ x 2 = 34 Zähne

Mauswiesel

8	Mauswiesel jagdlich unbedeutend. Deshalb in jede Kastenfalle ein gesichertes 35-mm-Seitenloch, um dem Mauswiesel einen Ausschlupf zu gewährleisten (sonst Wippbrettfalle)
9	BJG: 1. Aug. - 28. Feb. Abweichende Landesregelungen: HB = 1. Sep. - 31. Jan.
10	Das kleinste Raubsäugetier der Erde

Fischotter

1 a	Der Fischotter gehört zur Familie der Marder und besitzt einen dichten grau-braunen Balg, der unterseits heller gezeichnet ist. Auffällig ist der abgeflachte Kopf, die kurzen, kräftigen Läufe mit den Schwimmhäuten zwischen den Zehen und die lange, sich zur Spitze verjüngende Rute. Beide Geschlechter gleichgezeichnet. *Gewicht:* 7 - 15 kg
b	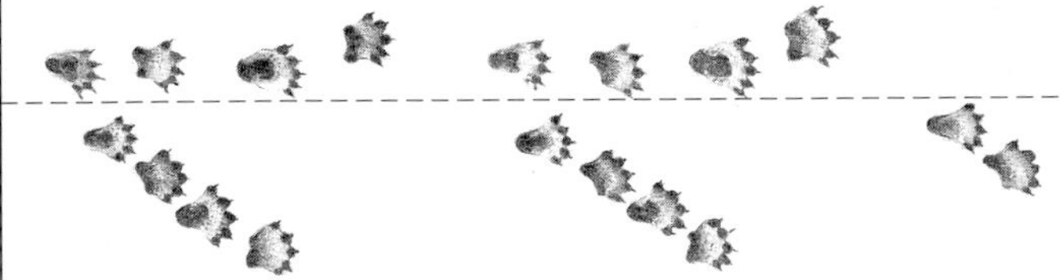 Breiter Brantenabdruck mit Schwimmhäuten. Zweierspur oder schräggestellte Viererspur
c	Grünlich (frisch) bis schwarz; meistens Häufchen mit Fischschuppen und Gräten durchsetzt
2 a	Liebt ruhige, fischreiche Seen, Teiche und Flüsse mit sauberem Wasser und flachen Uferzonen
b	Fische, Krebse, Amphibien, Gelege von Wasservögeln, Kleinsäuger, aber auch Pflanzen
3	Der Otter lebt polygam, ist meistens nachtaktiv. Ein exzellenter Schwimmer, taucht bis zu 8 Minuten, geht aber auch weite Wege über Land, um fischreiche Gewässer zu erkunden. Er benutzt viele Baue (Haupt- u. Nebenbaue) mit Einstiegen unter und über Wasser. Fühlt er sich wohl, muckert er; in der Ranz gibt er ein helles Pfeifen von sich, im Zorn lautes Kreischen
4 a	Ranzzeit das ganze Jahr
b	9 Wochen
c	Die Otterin wölft 2, selten mehr Welpen, die die ersten 5 Wochen blind sind. Die Welpen werden ein Jahr gesäugt und sind erst mit 2 Jahren erwachsen
7	$\frac{3 \quad 1 \quad 4 \quad 1}{3 \quad 1 \quad 3 \quad 2}$ x 2 = 36 Zähne
9	BJG: ganzjährig geschont

Fischotter

10 Der Balg ist das ganze Jahr verwendbar.
Stark gefährdet; früher durch Verfolgung (wegen Balg und Fischraub), heute Mangel an geeignetem Lebensraum; Restvorkommen vorwiegend in Niedersachsen und Schleswig-Holstein.
Die „Aktion Fischotterschutz“, Hankensbüttel (Lüneburger Heide) bemüht sich um die Klärung der Lebensbedingungen, die für Otter notwendig sind

Seehund

1 a	Der Seehund gehört zur Familie der Robben. Der Meeressäuger hat eine oberseits stark gefleckte blau-graue Decke. Der kleine Kopf mit den großen „Kinderaugen“, der spindelförmige Rumpf mit den kurzen Vorderflossen und der „Antriebs“-Hinterflosse kennzeichnen diese Art. Beide Geschlechter gleichgezeichnet. *Gewicht: Hund:* bis 120 kg; *Hündin:* bis 90 kg
b	Rutschspur im Sand mit seitlichen Abdrücken der Vorderflossen
2 a	Meeresbewohner in Küstennähe; braucht Sandbänke zum Ruhen
b	Fische, Krebse, Weichtiere
3	Der Seehund lebt in großen Rudeln. Er ist ein ausgezeichneter Schwimmer und Taucher, an Land eher unbeholfen. Er vernimmt und windet gut, während sein Gesichtssinn gering ausgeprägt ist. Durch die Verschmutzung und Überfischung der Nordsee leidet er unter Hauterkrankungen und Nahrungsmangel. Seehundsterben hat die Population stark zusammenschrumpfen lassen
4 a	Ranz Juli/Aug.
b	9 1/2 Monate (Eiruhe)
c	Die Hündin wölft im Juni an Land 1, selten 2 Junge, die sofort gut schwimmen können. Reißt der Kontakt der Welpen zur Hündin ab (Störungen beim Wölfen, Schlechtwetter usw.), suchen sie laut rufend, daher der Name „Heuler“
5 a	Räude und andere Hauterkrankungen
7	$\frac{3 \quad 1 \quad 4 \quad 1}{2 \quad 1 \quad 4 \quad 1}$ x 2 = 34 Zähne
9	BJG: 1. Sep. - 31. Okt. Abweichende Landesregelungen: S-H = 15. Sep. - 31. Okt. HH, NDS = keine Jagdzeit
10	Jagd nur durch wenige lizensierte Seehundjäger auf erkennbar kranke Exemplare. Jägerschaft betreut Heuler in Aufzuchtstationen. Verwandte Arten: *Ringelrobbe* bis 45 kg Gewicht; *Kegelrobbe* bis 250 kg Gewicht

Waschbär

1 a	Der Kleinbär hat einen spitzen Fang und eine auffällige schwarze Augenbinde im hellen Gesicht. Die Gehöre sind aufrechtgestellt. Der mittelbraune Balg ist unterseits heller. Auffällig auch die buschige, geringelte Rute. Die Läufe sind kurz. Beide Geschlechter gleichgezeichnet. *Gewicht:* 6 - 8 kg (Sommergewicht)
b	Vorderläufe mit 5 Zehen und Nägeln, rund; Hinterläufe: wie Vorderläufe mit langer Sohle (Kinderfuß). Tritt mit ganzer Sohle auf (Sohlengänger)
c	Rund, gedreht, spitz auslaufend; dem Fuchs ähnlich
2 a	Anpassungsfähig. Wald, Wasser, Feld und in der Nähe von Siedlungen (Müllplätze)
b	Allesfresser; pflanzliche wie tierische Kost. Vorliebe für Obst; teilweise Schäden in Obstgärten
3	Der Waschbär (Heimat: Nordamerika) ist in den 30er Jahren aus Pelztierfarmen entwichen bzw. wurde gezielt ausgesetzt (Edersee). Er ist ein hervorragender Kletterer und guter Schwimmer. Nachtaktiv. Am Tage schläft der Einzelgänger unter Reisighaufen und in Baumhöhlen. Seinen Namen verdankt er der Eigentümlichkeit, Nahrung gelegentlich vor dem Verzehr ins Wasser zu tauchen und zwischen den Vorderbranten zu reiben (waschen). Alle Sinne sind sehr gut ausgebildet. Der Waschbär hält Winterruhe
4 a	Jan./Feb.; Unterbrechung der Winterruhe
b	9 Wochen
c	Die Bärin wölft im März/April in hohlen Bäumen 3 - 4 Welpen, die 3 Wochen blind sind. 8 Wochen werden die Welpen gesäugt und verlassen dann die Wochenstube. Nach 4 Monaten sind sie selbständig
5 a	Magen-, Darm- und Lungenwürmer, Bandwurm, Trichinen, Räude
b	Tollwut
6	Der Balg
7	$\frac{3 \quad 1 \quad 4 \quad 2}{3 \quad 1 \quad 4 \quad 2}$ x 2 = 40 Zähne

Waschbär

8	Fallenjagd mit Abzugeisen und Kastenfalle; Suche mit dem Hund an Reisighaufen, Ansitz bei Mond an Kirrplätzen
9	BJG: kein Wild (freier Tierfang, Erlegen aus vernünftigem Grund) Abweichende Landesregelungen: BAY, HES, NDS, NRW, R-P, S-H = ganzjährig bejagbar HH = 1. Sep. - 30. Apr.
10	Bestand breitet sich räumlich noch immer weiter aus

Marderhund

1 a	Der spitze Fang, die dunkle Augenbinde und die dunkle Zeichnung an der Unterseite des Halses mit den dunklen Läufen sind ebenso typisch wie der bräunliche, langbehaarte Balg mit der kurzen, sehr buschigen Lunte (1/4 körperlang). Der Enok hat so ein eher gedrungenes Aussehen. Beide Geschlechter gleichgezeichnet. *Gewicht:* bis 10 kg
b	Runder Abdruck von vier Zehen und fünf Ballen; hundeähnlich
c	grau-schwarz, nicht spitz
2 a	Liebt Laubmischwald und dichte Wasserschilfflächen
b	Nahrungsgeneralist; vorwiegend pflanzliche Kost; Kleinsäuger, Vögel und deren Eier, Fische, Insekten
3	Der aus Osteuropa eingewanderte Enok ist ein Einzelgänger, der zuweilen auch gesellig lebt. Er ist nachtaktiv, bewegt sich langsam und kann nicht klettern. Sein guter Geruchssinn hilft ihm besonders beim Beutemachen. Er hält Winterruhe, vorwiegend in Fuchs- und Dachsbauen. Monogam
4 a	Ranz: Febr./März
b	9 Wochen
c	Die Fähe wölft im April/Mai 3 - 7 blinde schwarze Welpen. Wenn die Welpen feste Nahrung aufnehmen können, werden sie von beiden Eltern betreut und sind nach 6 Monaten ausgewachsen
5 a	Magen-, Darm- und Lungenwürmer, Trichinen, Bandwürmer, Räude
b	Tollwut
7	$\frac{3 \quad 1 \quad 4 \quad 2}{3 \quad 1 \quad 4 \quad 3}$ x 2 = 42 Zähne
8	Fallenjagd, Baujagd, Ansitz bei Mond
9	BGJ: kein Wild (freier Tierfang, Erlegen aus vernünftigem Grund) Abweichende Landesregelungen: BAY, HES, NRW, R-P, S-H = ganzjährig bejagbar

Wildkatze

1 a	Runder Kopf mit aufgestellten Gehören. Iris leuchtend blau (jung), gelb-grünlich (alt). Balg grau-braun mit Aalstrich bis zum Rutenansatz; unterseits heller. Die Rute buschig und gleichmäßig dick mit 5 schwarzen geschlossenen Ringen, endet stumpf. *Gewicht:* 5 - 9 kg; Kuder stärker als die Kätzin
b	 Runder Brantenabdruck ohne Krallen (größer als bei Hauskatze)
c	Wurstförmig; wird mit den Vorderläufen zugescharrt
2 a	Liebt abgeschiedene Felspartien, Schluchten, Windbrüche und Dickungen in Mittelgebirgslagen mit Sonneneinstrahlung
b	Von der Maus bis zum frischgesetzten, unbewachten Kitz, vom Zaunkönig bis zum Auerwild
3	Ein geschmeidiger, vortrefflicher Beutepirscher. Unstet lebender Einzelgänger; vorwiegend nachtaktiv. Nimmt an geschützten Stellen gern ein Sonnenbad. Äugt und vernimmt ausgezeichnet, wittert allerdings nur mäßig. Sehr scheu
4 a	Ranzzeit: Febr./März. Szenario wie bei der Hauskatze
b	8 - 9 Wochen
c	In Felsnischen, hohlen Bäumen (auch Dachsbau) werden im April/Mai 2 - 6 blinde Junge geworfen. Sobald sie soweit herangewachsen sind, begleiten sie die Kätzin auf ihren Beutezügen. Das dauert bis zum Herbst, dann sind die Jungen selbständig
5 a	Trichinen, Räude, Haarwürmer
b	Tollwut
7	$\frac{3 \quad 1 \quad 3 \quad 1}{3 \quad 1 \quad 2 \quad 1}$ x 2 = 30 Zähne
9	BJG: ganzjährig geschont
10	Vermischungen mit streunenden Hauskatzen (Blendlinge)

Seeadler

1 a	Gefieder einfarbig dunkelbraun; Spannweite bis 2,4m; gespreizte Handschwingen; Stoß weiß und keilförmig. Mächtiger gelber Hakenschnabel. Ständer halbbefiedert; Fänge gelb. Geschlechter gleichgezeichnet. *Gewicht:* 4 - 7,5 kg
c	Gewölle = unverdauliche Fraßreste ohne Knochen, Geschmeiß
2 a	Liebt zusammenhängende, abgeschiedene Altholzbestände in der Nähe von großen Seen; Felsküsten
b	Wassergeflügel, Fische, Fallwild
3	Sehr seltener Stand- oder Strichvogel. Niedriger Zick-Zack-Beuteflug; taucht; Grifftöter. Jahres- bzw. Lebensehe; nach 5 Jahren geschlechtsreif
4 a	Balzflug im Februar. Horst bis 2m Durchmesser und bis 1m hoch; Horstmulde mit Moosen, Flechten und Gräsern ausgepolstert; Anlage mehrerer Horste
b	35 - 42 Tage, Februar - Juli
c	1 - 3 Eier, weiß, schwach glänzend. Beide Elternteile brüten. In den ersten vier Wochen nach dem Schlupf bleibt das Weibchen am Horst. Während dieser Zeit Nahrungsbeschaffung nur durch das Männchen. Die Jungen nehmen nach 8 Wochen selbständig das Futter auf und sind nach 12 Wochen flügge
9	BJG: ganzjährig geschont
10	Vom Aussterben bedroht infolge Biotopmangels, Schadstoffanreicherung in der Beute, Störungen beim Brutgeschäft. Nachzucht in Gefangenschaft mit Wiederausbürgerung (Schleswig-Holstein). Deutscher Wappenvogel

Steinadler

1 a	Braunes bis dunkelbraunes Gefieder mit goldgelben Kopf- und Nackenfedern (Goldadler). *Spannweite* bis 2,3 m. Ständer voll befiedert. Langer, leicht gerundeter Stoß. Fänge gelb. Kräftiger Hakenschnabel. Geschlechter gleichgezeichnet. *Gewicht:* 3 - 6,5 kg
c	Gewölle = unverdauliche Fraßreste ohne Knochen; Geschmeiß
2 a	Vogel des Gebirges (Alpen/Karpaten)
b	Säugetiere bis zum Rehkitz; Vögel; auch Fallwild
3	Dauerehe; sehr standorttreu: jagt mit dem Auge; eleganter Gleiter, Spähflug- und Gleitstoßgreifer; Grifftöter
4 a	Balzflug im März/April. Horst meist auf Felsen, wird ständig erweitert, bis 2m breit und 1m hoch; Nestmulde ausgepolstert
b	35 - 42 Tage, März - Mai
c	2 Eier, hell mit schmutzigen Flecken, gleichrund; werden abwechselnd bebrütet. Jungen werden in den ersten vier Wochen vom Weibchen gehudert; häufig überlebt nur eines. Selbständige Nahrungsaufnahme nach 7 Wochen; flügge nach 10 Wochen
9	BJG: ganzjährig geschont
10	Vom Aussterben bedroht; Nachzucht in Gefangenschaft; auch als Beizvogel eingesetzt. *Schelladler:* dunkler und plumper; Heimat Ostasien und Osteuropa. *Schreiadler:* schlanker; gefleckte Oberflügel; Heimat Ostasien und Osteuropa

Fischadler

1 a	Heller Kopf mit dunklem Augenband, bis zur Schulter reichend; leichter Schopf. Flugbild zeigt deutlich abgewinkelte Schwingen; *Spannweite* bis 1,60 m. Obergefieder dunkelbraun, Unterseite weiß. Stoß abgerundet mit dunkler Endbinde; Ständer halb befiedert, Fänge grau. Geschlechter gleichgezeichnet. Einziger Greif mit Wendezehe. *Gewicht:* 1,2 - 2 kg
2 a	Ungestörte, fischreiche Gewässer
b	Fische; im Winter auch Wassergeflügel und Mäuse
3	Zugvogel, kommt bei uns nur noch als Durchzügler vor (im Osten Deutschlands über 100 Brutpaare). Hakt auf Bäumen oder Felsvorsprüngen auf. Beuteflug relativ niedrig über dem Wasser; rüttelt; Stoßflug nach Beute; taucht und kann dabei die Nasenlöcher verschließen
4 a	Balzflug im März. Horst auf Bäumen und Klippen; nimmt Nisthilfen an
b	35 - 38 Tage, April - Juli
c	2 - 3 Eier, gelb mit dunkelbraunen Flecken, fast gleichrund. Weibchen hudert gut 4 Wochen. Die Jungen nehmen nach 6 Wochen die Nahrung selbständig auf; flügge nach 8 - 9 Wochen; dann sehr bald selbständig
9	BJG: ganzjährig geschont
10	An Karpfenteichen oder sonstigen Fischzuchtanlagen problematisch. In den Ländern, in denen er noch vorkommt, wird der Verlust an Fischen von Schutzverbänden ersetzt. Ist der Beutefisch zu groß, kann es vorkommen, daß er den Fischadler mit in die Tiefe zieht

Habicht

1 a	Oberseite grau-braun, unterseits weiß mit dunkler Querbänderung. Ständer halb befiedert, Fänge gelb. Auge gelb, später orange. Stoß lang, unterseits mit vier Querbändern. Kurze, breite Schwingen. *Weibchen:* um ein Drittel größer als der Terzel. Geschlechter gleichgezeichnet. Bis zum 2. Lebensjahr unterseits gelblich-orange gefärbt mit dunklen Längstropfen (Rothabicht). *Spannweite:* 1,1 - 1,2 m. *Gewicht:* 600 - 1.500 g
c	Gewölle = unverdauliche Fraßreste ohne Knochen; Geschmeiß
2 a	Liebt lichte (Nadel-) Wälder in der Nähe von Feldern und Wiesen, von der Ebene bis zum Gebirge
b	Generalist. Nimmt alles, was er bewältigen kann – von der Maus bis zum Hasen, vom Sperling bis zum Fasan; Hauptnahrung: Mäuse, Tauben, Eichelhäher. Früher häufig Übergriffe auf freilaufende Hühner (Hühnerhabicht). Kein Aasfresser. Jagt noch in der Dämmerung
3	Ungesellig, scheu und heimlich; jagt flach über dem Boden gleitend, unterbrochen von raschen Flügelschlägen; im Wald sehr wendiger Flug in Kronenhöhe. Bindet die Beute am Boden oder schlägt im Flug, häufig von der Unterseite angreifend; Grifftöter. Geschickter, schneller Kurzstreckenjäger
4 a	Balzflug täuberähnlich im März. Horstet auf alten Bäumen; Horst wird häufig mehrere Jahre benutzt und mit frischem Reisig begrünt
b	35 - 41 Tage, März - Juli
c	3 - 4 Eier, weiß-grünlich, leicht schmutzig-gefleckt, hühnereigroß. Hauptsächlich brütet das Weibchen, das auch nach dem Schlupf noch 14 Tage hudert. Bleibt meistens in der Nähe des Horstes und verteidigt ihre Jungen. Atzung beschafft in dieser Zeit überwiegend der Terzel, nach vier Wochen atzen die Jungen selbständig; mit 6 Wochen Ästlinge, nach 7 Wochen flugfähig und mit 10 Wochen selbständig
9	BJG: ganzjährig geschont. Wenige Ausnahmegenehmigungen zum Fang (Habichtkorb), z.B. in Birkwildgebieten
10	Terzel und Sperberweib fast gleich groß. Im Verhältnis zur Häufigkeit selten zu sehen. Beliebter Beizvogel

Sperber

1 a	Verkleinertes Abbild des Habichts. Sprinz oberseits blaugrau, unterseits weiß mit rostroter Querbänderung. Heller Nackenfleck. Stoß lang mit 4 - 6 Querbinden. Weißer Streifen über dem Auge. Unterseits weiß mit dunkler Querbänderung (gesperbert), Ständer halb befiedert. Fänge gelb. Auge gelb, später orangefarben. *Weibchen* wesentlich größer. Jungvogel dunkelbraun mit heller Unterseite, Querbänder dunkel getupft. *Spannweite:* 60 - 80 cm. *Gewicht:* 100 - 300 g
c	Gewölle und Geschmeiß
2 a	Wälder und gebüschreiche Landschaften
b	Mäuse, Kleinvögel, Insekten, Frösche; Weibchen auch Eichelhäher und Taube
3	Stand- und Strichvogel. Rasanter Kurzstreckenjäger, der blitzschnell schlägt. Streicht gleitend ganz flach über den Boden, von wenigen, kräftigen Flügelschlägen unterbrochen; sehr wendig beim Umfliegen von Hecken und Gebüschen. Grifftöter. Rüttelt nie
4 a	Balzflüge April/Mai. Gut versteckter Horst in Nadelbäumen mit freier Flugschneise, grob gebaut und nicht begrünt; mit Moosen und Rindenstücken ausgelegt
b	32 - 35 Tage, April - Juni
c	3 - 6 Eier, weißlich mit schmutziger Fleckung, klein, fast gleichrund, nur vom Weibchen bebrütet. Sie atzt und hudert die Jungen in der ersten Woche, während der Sprinz die Beute zuträgt. Die Jungen nehmen mit 2 Wochen die Nahrung selbständig auf und sind mit 5 Wochen flügge
9	BJG: ganzjährig geschont
10	Sperberweib und Habichtsterzel fast gleichgroß. Im Winter jagt der Sperber gerne in den Siedlungen um die Vogelfütterungen. Wegen seines rasanten Flugstils wird er auch selbst Opfer bei plötzlichen Hindernissen (Zäune, spitze Trockenäste). Der ihm ähnliche Kuckuck gleitet nicht, sondern schlägt fortwährend mit den Schwingen. Sperber wurde früher auch als Beizvogel eingesetzt

Mäusebussard

1 a	Häufigster Greif unserer Landschaft, der in Farbvariationen von hell- bis dunkelbraun vorkommt. Geschlechter gleichgezeichnet. Unterseite häufig läng getropft oder gebändert. Stoß kurz, abgerundet und unterseits 9 - 12 enge Querbänder; Auge gewöhnlich nußbraun. Ständer halb befiedert; Fänge gelb. *Flugbild:* Spannweite 1,20 - 1,30 m, breite Schwingen, kurzer, breiter Stoß und „kurzer" Kopf; schwerfällig streichend oder Segelflug im Aufwind, rüttelt gelegentlich. *Gewicht:* 600 - 1.100 g
c	Gewölle und Geschmeiß
2 a	Anpassungsfähig an die Kulturlandschaft
b	Hauptbeute sind Mäuse, aber auch Kleinsäuger, Reptilien, Frösche, Jungvögel und Aas.
3	Stand- und Strichvogel, selten Zugvogel. Ansitzjäger (Zaunpfähle), der die Beute am Boden schlägt, seltener aus größerer Höhe. Grifftöter
4 a	Imponierende Balz- und Warnsegelflüge im Februar/März. Hat mehrere Horste zur Auswahl. Aufwendiger Ausbau des Horstes, der ständig begrünt wird. Nestmulde mit Halmen und Nadeln ausgepolstert
b	33 - 35 Tage, März - Juli
c	2 - 4 Eier, weißlich mit unregelmäßigen dunklen Flecken, hühnereigroß. Beide Partner brüten abwechselnd. Das Weibchen hudert und atzt die Jungen in den ersten 14 Tagen, während das Männchen allein für die Beute sorgt. Junge nach 4 Wochen voll befiedert; damit Beginn der selbständigen Atzung; flügge nach 6 - 7 Wochen
9	BJG: ganzjährig geschont
10	Am Lahnen (Betteln der Jungvögel nach Atzung) kann man, wie bei allen anderen Greifen, den Bestand und die Anzahl der Jungvögel am besten feststellen. In Notzeiten örtliche Konzentrationen

Wespenbussard

1 a	Oberseits dunkelbraun, unterseits hell bis braun, getropft oder gebändert in vielen Farbvariationen. *Männchen:* Kopf häufig aschgrau bis auf den Hals übergehend; *Weibchen:* Kopf graubraun. Augen gelb. Über dem Schnabel derbe, schuppenartige Federn zum Schutz gegen Wespenstiche. Ständer halb befiedert, Fänge gelb, mit Hornschildern bedeckt. Stoß verhältnismäßig lang. *Flugbild:* schlanke Schwingen, kleiner Kopf, langer Stoß mit 3 Binden (zwei an der Wurzel, eine am Stoßende). *Spannweite:* 1,2 - 1,3 m; *Gewicht:* 500 - 1.000 g
c	Gewölle und Geschmeiß
2 a	Umfangreiche Wälder von der Ebene bis zum Gebirge; lebt an deren Rändern
b	Wespen, Hummeln, Bienen u. a. Insekten; Amphibien, Reptilien, Jungvögel, aber auch Obst und Beeren
3	Zugvogel, der im Mai bei uns eintrifft. Er hält sich gerne am Boden auf, wo er krähenartig auf Nahrungssuche geht. Scharrt Wespen- und Hummelnester auf, um an die Waben zu gelangen (daher wenig gebogene Griffe). Ist ein plumper Flieger, der gern rüttelt. Aug./Okt.: Abflug ins Winterquartier
4 a	Balzflüge im Mai. Aus- oder Weiterbau eines Baumhorstes von beiden Partnern. Horst wird begrünt
b	32 - 37 Tage, Mai - Juli
c	1 - 3 Eier, hellbraun, fast vollständig dunkelbraun überlagert, nahezu gleichrund. Junge werden in den ersten 2 Wochen von beiden Elterntieren geatzt und gehudert; mit 4 Wochen sind die Jungen befiedert und mit 6 Wochen flügge. Atzung besteht in dieser Zeit überwiegend aus Wespenlarven (Waben unter dem Horst)
9	BJG: ganzjährig geschont
10	Naher Verwandter ist der *Rauhfußbussard:* Zugvogel, der in Skandinavien brütet und häufig im Winter hier auftaucht. Flugbild wie Mäusebussard, aber nur eine dunkle Binde am Stoßende; Ständer voll befiedert (Name)

Rotmilan

1 a	Grauer Kopf. Mittelbraunes Deckgefieder, hell gerandet, dunkler Schwingenaußenrand; unterseits rostrot. Stoß lang und tief gegabelt (Gabelweihe). Ständer halbbefiedert, Griffe gelb. Augen grau-gelb. Geschlechter gleichgezeichnet. *Flugbild*: lange gewinkelte Schwingen, Spannweite 1,50 - 1,60 m. *Gewicht:* 900 - 1.000 g
c	Gewölle und Geschmeiß
2 a	Anpassungsfähig an offene Landschaft mit (Laub-) Wäldern. Horstet gern in der Nähe von Straßen mit hohem Fallwildaufkommen
b	Aas, Kleinsäuger, Fische, Frösche
3	Zugvogel, der März/April hier eintrifft und im Sept./Okt. nach Süden zurückzieht. Schaukelflug. Wenn er nicht selbst jagt, versucht er anderen Greifvögeln die Beute abzunehmen. Vorwiegend Aasfresser
4 a	Auffällige Balzflüge in großer Höhe. Horst wird häufig auf alten Krähen- und Bussardnestern aufgebaut
b	30 - 32 Tage, April - Juni
c	2 - 4 Eier, weißlich, mit wenigen, dunkelbraunen Flecken, hühnereigroß. Brutgeschäft überwiegend vom Weibchen, das auch die Jungen in den ersten 2 Wochen hudert und atzt. Selbständige Nahrungsaufnahme mit 4 Wochen und mit 7 Wochen flügge. Häufig gehen die schwächsten Jungen ein
9	BJG: ganzjährig geschont
10	*Winterquartier:* Mittelmeerraum, Nordafrika

Schwarzmilan

1 a	Kleiner als der Rotmilan und bei uns sehr selten. Oberseits dunkelbraunes Gefieder, Federn hell gerandet; Kopf heller; Schwingenaußenrand dunkel; unterseits hell rostbraun. Stoß leicht gegabelt. Geschlechter gleichgezeichnet. *Flugbild:* gewinkelte Schwingen, Spannweite ca. 1,40 m. Leicht gegabelter Stoß, dunkel. *Gewicht:* 800 - 1.000 g
c	Gewölle und Geschmeiß
2 a	Wälder und offene Landschaft
b	Fische, Kleinsäuger, Aas
3	Lebt gerne in der Nähe fischreicher Gewässer. Bei der Fischjagd taucht er allerdings nicht. Nimmt gern tote Fische (problematisch bei Fischsterben infolge Gifteinlagerung). Zugvogel, kommt im März/April und zieht im Aug./Sept. fort
4 a	Im März/April Balzflüge. Horst wird gern auf verwaisten Nestern anderer Greife, Krähen und Reiher errichtet. Nistmaterial häufiger mit Lumpen, Papier und Stroh durchsetzt
b	28 - 32 Tage, April - Juni
c	2 - 4 Eier, weißlich, wenig hellbraun gefleckt, fast gleichrund, kleiner als beim Rotmilan. Nur das Weibchen brütet. Es hudert und atzt die Jungen bis zu 4 Wochen. Versorgung mit Nahrung während dieser Zeit ausschließlich durch das Männchen. Vollbefiedert sind die Jungen mit 5 Wochen und flügge mit 6 - 7 Wochen
9	BJG: ganzjährig geschont
10	*Winterquartier:* Nordafrika

Rohrweihe

1 a	*Männchen:* Heller Kopf und Hals, längsgestrichelt. Gefieder dunkel; Schwingen teilweise bleigrau mit schwarzer breiter Endschwinge; unterseits rotbraun, längsgetropft. *Weibchen:* dunkelbraun mit hellgelbem Kopf; dunkelbraunes Augenband reicht bis auf die Schulter. Schwingenoberrand hellgelb. Ständer lang, dünn und halbbefiedert. Augen nach vorn gerichtet und gelb mit Federkranz (eulenartig). *Flugbild:* Spannweite 1,20 - 1,40 m, breite Schwingen, gewinkelt, V-förmig gestellt; rüttelt. *Gewicht:* 400 - 800 g
c	Gewölle und Geschmeiß
2 a	Feuchtgebiete mit umfangreichen, dichten Röhrichtbeständen
b	Wasservögel und deren Gelege, Kleinsäuger, Frösche
3	Zugvogel, der im April hier eintrifft und im Sept./Okt. wieder fortzieht. Gleitfluggreifer, blockt selten auf Bäumen auf, häufig auf Weidepfählen oder auf dem Boden
4 a	Balzflug im April. Bodennest hoch aufgeschichtet (Feuchtigkeit) aus Reisig und Rohr mit Gräsern ausgepolstert. Häufig baut nur das Weibchen
b	31 - 36 Tage, April - Juni
c	4 - 6 Eier, weiß, fast gleichrund. Nur das Weibchen brütet; 2 Wochen hudert und atzt es auch die Jungen nach dem Schlupf. Das Männchen trägt in dieser Zeit allein die Beute zu. Die Jungen sind nach 4 Wochen befiedert und nach 7 Wochen flügge
9	BJG: ganzjährig geschont
10	*Winterquartier:* Südeuropa, Afrika

Kornweihe

1 a	*Männchen:* hellblau bis aschgrau, unterseits heller mit breit abgesetzten schwarzen Schwingenspitzen. *Weibchen* und *Jungvögel* dunkelbraune Oberseite, unterseits heller mit dunkler Längstropfung. Augen nach vorn gerichtet, gelb mit Federkranz (eulenartig). Lange, dünne Ständer, halbbefiedert. *Flugbild:* schlanke, gewinkelte Schwingen, V-förmig gestellt, langer Stoß; schaukelnder, niedriger Flug; rüttelt; *Spannweite:* 1,00 - 1,20 m. *Gewicht:* 300 - 600 g
c	Gewölle und Geschmeiß
2 a	Moore, Heiden, Ackerland
b	Kleinvögel und deren Nestinhalt; Mäuse, Frösche, Insekten
3	Zugvogel: trifft hier im April ein und zieht im Sept./Okt. fort. Gleitfluggreifer, sucht keine Bäume auf
4 a	Balzflug im April. Bodennest aus Reisig, Schilf- und Grashalmen im Schutz von Pflanzendickichten und Büschen
b	30 - 35 Tage, Mai - Juli
c	3 - 6 Eier, weiß, mit einigen hellbraunen Flecken, klein, fast gleichrund. Beide Partner brüten. Weibchen hudert und atzt in den ersten 2 Wochen die Jungen. Männchen sorgt derweil allein für Beute, die häufig in der Luft an das Weibchen übergeben wird. Danach verlassen die Jungen das Nest, um sich in der Nähe zu verstecken; kommen nur zur Atzung zurück
9	BJG: ganzjährig geschont
10	*Winterquartier:* Afrika, südlich der Sahara. Naher Verwandter: *Steppenweihe:* Unregelmäßiger Gast bei uns. *Männchen* sehr ähnlich der Kornweihe, noch heller. *Weibchen* hat am Stoß 4 - 5 deutliche Querbänder

Wiesenweihe

1 a	*Männchen:* oberseits bleigrau mit breiten schwarzen Schwingenspitzen und schwarzer Flügelbinde; unterseits heller, Bauch weiß, hellbraun längsgetropft. Ständer lang, dünn und halbbefiedert. Augen nach vorn gerichtet, gelb mit Federkranz. *Weibchen:* oberseits dunkelbraun, Schwingen gebändert. Kopf rostrot mit schwarzer Strichelung. Stoß mit 4 - 5 Querbändern; unterseits rostgelb, dunkel getropft. *Flugbild:* schlanke, gewinkelte Schwingen, V-förmig gestellt, langer Stoß; schaukelnder, niedriger Flug; rüttelt. *Spannweite:* 1,00 - 1,20 m. *Gewicht:* 200 - 400 g
c	Gewölle und Geschmeiß
2 a	Feuchte Wiesen, Sümpfe, Flußniederungen
b	Kleine Säugetiere, Vögel und deren Nestinhalt, Frösche, Insekten
3	Zugvogel: kommt im April und zieht im Sept./Okt. wieder fort. Lebt und horstet häufig zusammen mit Artgenossen
4 a	Balzflug April/Mai. Hochaufgeschichtetes Bodennest (Feuchtigkeit) aus Reisig und Gras im Schutz von Pflanzendickichten
b	28 - 30 Tage, Mai - Juli
c	3 - 5 Eier, weiß, fast gleichrund, klein. Beide Geschlechter brüten. Die Jungen werden 3 Wochen vom Weibchen gehudert und geatzt. Das Männchen sorgt derweil allein für die Beute. Mit 4 Wochen sind die Jungen befiedert, mit 7 Wochen flügge
9	BJG: ganzjährig geschont
10	*Winterquartier* südlich der Sahara. Merke: Größe der Weihen Rohr, Korn, Wiese; also Rohrweihe groß, Kornweihe kleiner, Wiesenweihe noch kleiner. Weihen brauchen Feuchtbiotope

Wanderfalke

1 a	Kopf und Oberseite schiefergrau. Dunkler, deutlicher Wangenstreif. Unterseits rötlich-weiß mit dunkler Tropfung und Bänderung. Auge groß und dunkelbraun; im Oberschnabel Falkenzahn und runde Nasenöffnung. Stoß mittellang, am Ende schmaler werdend. Ständer halb befiedert, sonst gelb. Geschlechter ähnlich, Weibchen häufig dunkler, aber stets größer als das Männchen. *Flugbild:* schmale, spitze, gewinkelte Schwingen, langer Stoß. *Spannweite:* 1,10 - 1,20 m; rüttelt nie. *Gewicht:* 600 - 1.200 g
c	Gewölle und Geschmeiß
2 a	Offenes Gelände in der Ebene und im Gebirge. Auch hohe Türme in Städten (Kirchen, Fernsehtürme usw.)
b	Vögel bis Entengröße
3	Strich- und Zugvogel. Jagt seine Beute in der Luft, erreicht im Sturzflug über 200 km/h. Verletzt die Beute im Flug mit der Kralle und tötet am Boden durch Biß; rupft die Beute sofort; Federring. Hat ein weitreichendes, scharfes Auge; fliegt mit raschen, flachen Flügelschlägen, von Gleitphasen unterbrochen
4 a	Balzflug im März. Baut kein Nest; ihm genügt eine einfache Mulde im Felsspalt oder alte Krähen- und Greifhorste
b	28 - 29 Tage, April - Juni
c	2 - 4 Eier, rostbraun, etwa hühnereigroß. Beider Partner brüten. Das Weibchen hudert und atzt die Jungen in den ersten 2 Wochen. Mit 4 Wochen sind die Jungen befiedert und mit 5 - 6 Wochen flügge
9	BJG: ganzjährig geschont
10	War fast ausgestorben durch Gifte in der Beute sowie Nachstellungen. Zuchterfolge im Gehege. Wiederanstieg der Population durch DDT-Verbot und Auswilderung. Beliebtester Beizvogel, wird als „Weitseher“ verkappt

Turmfalke

1 a	*Männchen:* Kopf blaugrau, schwarz gestrichelt, schmaler, schwarzer Wangenstreif. Oberseits rotbraun mit schwarzen Flecken, unterseits weißlich mit dunkelbrauner Tropfung. Stoß schmal, lang, blaugrau mit schwarzer Endbinde, weiß gerandet. *Weibchen:* gelblich mit dunkelbrauner Fleckung oder Bänderung; unterseits heller. Ständer halb befiedert, sonst gelb. Auge dunkelbraun. Im Oberschnabel Falkenzahn, runde Nasenöffnung. *Flugbild:* rascher Flügelschlag, spitze, gewinkelte Schwingen, besonders langer Stoß, rüttelt ganz häufig (Rüttelfalke). *Spannweite:* ca. 75 cm. *Gewicht:* 150 - 300 g
c	Gewölle und Geschmeiß
2 a	Waldränder, offenes Gelände, Felswände, Kulturfolger bis in die Städte
b	Kleinsäuger, Insekten, Jungvögel
3	Stand- und Strichvogel. Gleitflugjäger, der auch vom Ansitz (Weidepfähle, Maulwurfshügel) schlägt. Bißtöter
4 a	Kunstvolle Balzflüge mit viel Geschrei im März/April. Baut keinen Horst; Mulde in Felsnischen, Baumlöchern oder in alten Krähen- und Elsternestern
b	28 - 32 Tage, April - Juli
c	4 - 6 Eier, rotbraun gesprenkelt, klein, fast gleichrund. Nach Schlupf hudert das Weibchen die Jungen 3 Wochen, während das Männchen allein für die Beute sorgt. Die Jungen sind mit 3 Wochen befiedert und mit 5 Wochen flügge
9	BJG: ganzjährig geschont
10	Nisten auch in kleineren Kolonien (z.B. an großen Gebäuden); nehmen Nisthilfen an

Baumfalke

1 a	Kopf und Obergefieder blauschwarz mit hellem Nackenfleck, Wangenstreif schwarz. Unterseits hell weißlich bis rötlich mit dunkler Längstropfung, rote Hosen, Griffe gelb, Auge dunkelbraun; kurzer Stoß. Im Oberschnabel Falkenzahn und runde Nasenöffnung. Geschlechter gleichgezeichnet. *Flugbild:* schmale, spitze gebogene Schwingen, kurzer Stoß, rüttelt nie. Spannweite: 70 - 80 cm. *Gewicht:* 150 - 300 g
c	Gewölle und Geschmeiß
2 a	Lockerer Waldbestand mit abwechslungsreicher Landschaft
b	Kleinvögel, Insekten
3	Zugvogel: kommt im Mai und zieht im September fort. Schlägt seine Beute in der Luft, häufig Lerchen (Lerchenfalk). Schnellster Greifvogel. Bißtöter
4 a	Balzflüge im Mai. Baut kein eigenes Nest, nimmt gerne alte Krähennester in hohen Bäumen an
b	28 Tage, Juni - August
c	2 - 4 Eier, rotbraun, klein, fast gleichrund. Beide Partner brüten; die erste Woche atzt und hudert das Weibchen, während das Männchen allein für die Beute sorgt. Die Jungen sind mit 3 Wochen befiedert und mit 4 - 5 Wochen flügge
9	BJG: ganzjährig geschont
10	*Winterquartier:* Süd- und Ostafrika *Merlin:* kleinster europ. Falke; brütet in Skandinavien, Island, England; bei uns nur Wintergast

Uhu

1 a	Größte Eulenart mit einer *Spannweite* von 1,60 - 1,70 m. Gefieder rostbraun mit unregelmäßiger dunkler Längs- und Querbänderung; unterseits heller. Weißer Kehlfleck. Federschleier um die starren orangefarbenen und nach vorn gerichteten Augen; Federohren. Kopf in alle Richtungen drehbar. Ständer bis auf die Krallen befiedert. Geschlechter gleichgezeichnet, Weibchen größer. *Gewicht:* 2 - 2,5 kg
c	Gewölle mit unverdauten Knochenresten und Geschmeiß
2 a	Urwüchsige, felsige Wälder oder zerklüftete Gebirgsgegenden
b	Säugetiere bis Hasengröße; Vögel bis Bussardgröße; vorwiegend Mäuse, Ratten, aber auch Igel und Frösche
3	Stand- und Strichvogel. Lebt scheu und zurückgezogen. Über Tag sitzt er fast regungslos in Baum- und Felshöhlen oder gut versteckt auf Bäumen; nachtaktiv. Jagt mit dem Auge und nach Gehör. Lautloser, niedriger Beuteflug; Grifftöter. Alle Vögel hassen auf ihn; zischt bei Annäherung
4 a	Balzruf im März, dreisilbig, wird ständig wiederholt. Kein Nestbau; benutzt alte Höhlen oder Greifvogelhorste
b	34 - 35 Tage, März - Juli
c	2 - 4 Eier, weiß, fast gleichrund. Die geschlüpften Jungen, die das Weibchen allein ausgebrütet hat, werden von ihm gehudert und bewacht. Schon nach 3 Wochen wandern die Jungen umher. Flügge sind sie erst nach 9 Wochen
9	Unterliegt nicht dem BJG
10	Erfolgreiche Züchtungen in der Gefangenschaft; Auswilderungen führten zur Wiederansiedlung von Paaren. Hüttenjagd früher mit lebendem „Auf“! Heute sollten nur noch Bewegungsattrappen verwendet werden

Waldkauz

1 a	Mittelgroße Eule mit rundem Kopf, der nach allen Seiten gedreht werden kann. Dunkle Augen, die nach vorn gerichtet sind, Federschleier. Gefieder braun bis grau, dunkel getropft, unterseits heller. Ständer bis auf die Fänge befiedert. *Spannweite* bis 1 m. Geschlechter gleichgezeichnet. *Gewicht:* ca. 500 g
c	Gewölle mit unverdauten Knochenresten und Geschmeiß
2 a	Große Waldungen, auch Parkanlagen in den Städten
b	Kleinsäuger, Vögel, Frösche, Fische
3	Standvogel. Häufigste Eulenart. Geräuschlos streichender Nachtjäger, rüttelt gelegentlich; jagt mit dem Auge und nach Gehör. Grifftöter
4 a	Balzflüge im Februar/März. Der Ruf ist dann ein abfallendes, tiefes Heulen. Höhlenbrüter; bevorzugt in Bäumen, aber auch in Felsnischen und auf Dachböden, selten in freien Horsten. Baut kein eigenes Nest
b	28 - 30 Tage, Februar - Juni
c	2 - 4 Eier, je nach Nahrungsangebot, weiß, fast gleichrund. Nur das Weibchen brütet, während das Männchen für Nahrung sorgt. In den ersten 3 Wochen hudert das Weibchen die Jungen. Mit 4 Wochen verlassen die Jungen das Nest, obwohl sie erst mit 5 - 6 Wochen flügge sind; können gut klettern
9	Unterliegt nicht dem BJG
10	An den lauten Bettelrufen der Jungen als Ästlinge ist eine gute Bestandsermittlung möglich. Das geht über mehrere Wochen so, weil die selbständige, nächtliche Jagd wohl eine lange Lehrzeit erfordert

Steinkauz

1 a	Kleine, gedrungene Eule mit dickem, flachem Kopf. Augen nach vorne gerichtet, gelb, kleiner Federschleier. Hat die Größe einer Amsel. Obereits dunkelbraun mit weißen Flecken, unterseits weißlich mit dunklen Längsstreifen. Ständer bis auf die Fänge knapp befiedert. Geschlechter gleichgezeichnet. *Spannweite:* 40 - 50 cm. *Gewicht:* um 200 g
c	Gewölle mit unverdaulichen Knochenresten, Geschmeiß
2 a	Steinbrüche, Parkanlagen, Friedhöfe, Feldgehölze, Türme, Dachböden
b	Insekten, Mäuse, Kleinvögel, Frösche
3	Sehr selten gewordene Eulenart, die bis auf den Norden in ganz Europa vorkommt. Stand- und Strichvogel. Tag- und nachtaktiv. Ansitzjäger
4 a	Ruffreudige Balz im März/April. Steinkäuze gehen eine Ehe auf Lebenszeit ein. Bauen kein eigenes Nest und brüten in Höhlen und Nischen
b	28 - 29 Tage, April - Juni
c	4 - 6 Eier, weiß, fast gleichrund. Nur das Weibchen brütet. Das Männchen sorgt für die Beute; legt teilweise Vorratslager an. Rund 4 Wochen bleiben die Jungen am Brutplatz und weitere 5 Wochen werden sie noch von den Eltern versorgt, bis sie selbständig sind.
9	Unterliegt nicht dem BJG
10	Totenvogel (Kiwitt = komm mit). Bei den alten Griechen Sinnbild für Gelehrsamkeit. *Rauhfußkauz:* etwa gleich groß, Vorkommen: Nord-, Mittel- und Osteuropa. *Sperlingskauz:* Kleinste Eulenart, wiegt nur 60 g. Nadelwaldbewohner in Nord- und Osteuropa, seltener Gast bei uns

Waldohreule

1 a	Ungefähr taubengroße gelblich-braune Eule, graubraun gesprenkelt bzw. auf der Unterseite rötlichbraun mit dunklen Tropfen. Augen orange-gelb, starr nach vorne gerichtet, Federschleier. Kopf mit deutlichen Federohren in alle Richtungen drehbar. Bis auf die Fänge befiedert. Geschlechter gleichgezeichnet. *Spannweite:* ca. 90 cm. *Gewicht:* 300 g
c	Gewölle mit Knochenresten, Geschmeiß
2 a	Liebt die Randlage großer Nadelwälder, aber auch die Parkanlagen der Städte
b	Hauptnahrung sind Mäuse; seltener Kleinvögel
3	Stand- und Strichvogel, der gern gesellig lebt. Ist nachtaktiv mit geräuschlosem Schaukelflug; jagt nach Auge und Gehör. Tagsüber sitzt die Waldohreule in Nadelbäumen nahe am Stamm. Grifftöter
4 a	Nach der Balz im März wird gerne ein verlassener Krähenhorst o.ä. bezogen; kein eigener Nestbau
b	27 - 28 Tage, März - Juni
c	4 - 6 Eier (schwankend nach Mäusejahren), weiß, fast gleichrund. Nur das Weibchen brütet. Nach dem Schlupf werden die Jungen bis zu 2 Wochen gehudert, danach verlassen sie das Nest. Mit 4 - 5 Wochen flügge
9	Unterliegt nicht dem BJG
10	Die Zahl der Eier steht häufig in Beziehung zum aktuellen Beuteangebot. Mäusejahre sind Eulenjahre

Sumpfohreule

1 a	Hat die Größe der Waldohreule, aber kaum sichbare Federohren, dafür ist die *Spannweite* größer als bei der Waldohreule (bis 1 m). Kopf mit gelben nach vorn gerichteten Augen und Federschleiern, in alle Richtungen drehbar. Gefieder oberseits gelblich-braun mit dunklen Flecken , unterseits heller. Ständer bis auf die Fänge befiedert. Geschlechter gleichgezeichnet. *Gewicht:* 300 - 600 g
c	Gewölle mit Knochenresten, Geschmeiß
2 a	Feuchtgebiete und Überschwemmungswiesen, Verlandungsgebiete; kein Waldbewohner
b	Kleinsäuger und Kleinvögel
3	Strich- und Zugvogel. Jagt seine Beute nur mit dem Auge überwiegend am Tag. Lautloser Beuteflug, mittelhoch, schaukelnd mit Gleitphasen; rüttelt manchmal. Ansitz auf Steinen oder Weidepfählen. Grifftöter
4 a	Balzflug im März/April. Männchen klatscht mit den Flügeln und vollführt Sturzflüge; laute Rufreihen. Diese Eulenart baut als einzige am Boden ein Nest aus Halmen
b	24 - 29 Tage, April - Juni
c	4 - 7 Eier (bei gutem Nahrungsangebot auch mehr), weiß, fast gleichrund. Nur das Weibchen brütet. Bei Annäherung eines Feindes mutige Nestverteidigung durch das Männchen. Die Jungen werden vom Weibchen 2 Wochen gehudert, verlassen dann das Nest und sind mit 5 Wochen flugfähig
9	Unterliegt nicht dem BJG
10	*Winterquartier* ist das nördliche Afrika. Junge, die noch nicht fliegen können, geben sich bei Gefahr durch „Radschlagen“ ein bedrohliches Aussehen und knappen mit den Schnäbeln

Schleiereule

1 a	Mittelgroße Eulenart mit schwarzen Augen, die nach vorn gerichtet sind, und beweglichem weißen Federschleier. Der Kopf, der nach allen Seiten gedreht werden kann, und die Oberseite sind goldgelb gefärbt mit grauer Sprenkelung. Unterseits weiß. Die Ständer sind befiedert und stehen x-förmig. *Spannweite:* ca. 90 cm. *Gewicht:* 300 g
c	Gewölle mit unverdauten Knochenresten, Geschmeiß
2 a	In der Nähe menschlicher Siedlungen, Kulturfolger
b	Kleinsäuger (Mäuse), selten Kleinvögel, Insekten, Frösche
3	Standvogel. Jagt ausschließlich in der Nacht mit dem Auge und nach Gehöhr in freiem Gelände. Streift im Winter weit umher, um bessere Beutegründe zu finden
4 a	Balzzeit im März. Lebensehe. Brutplätze sind Türme, Felsnischen, Mauerspalten, „Uhlenfluchten“. Baut kein Nest
b	30 - 34 Tage, März - August
c	4 - 6 Eier, weiß, fast gleichrund. Das Weibchen brütet allein, während das Männchen Nahrung heranschafft. Nach dem Schlupf sorgen beide Eltern für die Beute und atzen die Jungen. Befiedert sind die Jungen mit 6 - 7 Wochen, flügge mit 8 Wochen und mit 10 Wochen selbständig
9	Unterliegt nicht dem BJG
10	Die Stimme ist ein anhaltendes Schnarchen, aber auch zischende und kläffende Laute. Vorkommen rückläufig, auch aufgrund fehlender Nistmöglichkeiten

Auerwild

1 a	Gänsegroßes Waldhuhn. *Hahn:* Stingel (Hals) und Schild blauschwarz, sonst braun-schwarz mit weißen Flecken (Schild, unterhalb der Schwingen und auf den Stoßfedern). Kehlbart. Rote Rosen um die Lichter. Befiederte Ständer und Stifte an den Zehen. *Henne:* kleiner, braun-dunkel quergebändert mit rötlichem Brustschild. *Gewicht:* Hahn = 4 - 6 kg, Henne = 2 kg
b	Fährtenabdruck beim Hahn 10 - 11 cm lang, deutlicher Abdruck der seitlichen Stifte; Mittelzehe einwärts gesetzt
c	Winterlosung mit sichtbaren Nadelresten, Sommerlosung spiralig; dazu dunkel-fadenförmige Blinddarmlosung (Falzpech)
2 a	Große zusammenhängende Nadelholzbestände mit Unterwuchs und lichten Flächen mit Beerkrautbewuchs; genügend Wasser und sandige Huderplätze
b	Junge Triebe und Knospen, Beeren und andere Waldfrüchte, aber auch Insekten, Würmer, Schnecken und Spinnen. Im Winter Nadeln von Fichte, Kiefer und Tanne. Nimmt zur Nahrungszerkleinerung Steinchen auf (Waidkorn)
3	Vom Frühjahr bis zum Herbst lebt das Auerwild zusammen, im Herbst trennen sich die Geschlechter. Auerwild ist tagaktiv standorttreu und Standvogel. Scheuer Kulturflüchter. Hahnen Einzelgänger, Hennen leben gesellig; sehr wachsam (Auge und Gehör)
4 a	April/Mai. Hochbalz (Baum) und Bodenbalz; imponierende Balzhaltung mit gefächertem Stoß und nach unten gestreckten Schwingen. Balzarie: Knappen, Glöckeln, Triller, Hauptschlag und Wetzen (beim Wetzen blind und taub)
b	28 Tage, April - Juni
c	5 - 12 Eier, hühnereigroß, hellbraun mit dunkelbraunen Sprenkeln. Küken sind empfindlich gegen Kälte und Nässe und brauchen zuerst vorwiegend animalische Kost. Nestflüchter, nach 3 Wochen flugfähig
6	Der ganze Vogel; Grandel = kleine Feder vor der ersten Handschwinge (wie Malerfeder) und glattgeschliffene Waidkörner (Magen)
8	Früher Einzeljagd. Abends Verhören und morgens Anspringen am Balzplatz

Auerwild

9	BJG: 1. Apr. - 31. Mai Abweichende Landesregelungen: ganzjährig geschont
10	Alte Hahnen: Deutlich gekrümmter, hornfarbender Schnabel; lange, breite, abgestumpfte Schaufelfedern; tiefere Stimmlage der Balzarie. Versuche der Wiedereinbürgerung sind schwierig: Mangel an geeigneten Biotopen, zu viele Störungen, zu hoher Feinddruck

Birkwild

1 a	Entengroßes Rauhfußhuhn. *Hahn:* Körper blauschwarz mit leuchtend roten Rosen über den Augen. Schwingen bräunlich mit Spiegel am Bug und weißem Querband. Stoß: schwarze Sichelfedern und weißer Unterstoß. Ständer befiedert mit Stiften an den Zehen. *Henne:* kleiner; braun mit dunkler Querbänderung und weißem Schwingenband. *Gewicht:* Hahn bis 1.500 g, Henne bis 1.000 g
b	Dem Auerwild ähnlich, aber kleiner: 7 - 8 cm; Hinterzehe undeutlich
c	Gestüber walzenförmig; gehäuft unter Schlafbäumen
2 a	Rauhfußhuhn der Moore und Heiden; braucht Birken. Vorkommen bis zur Baumgrenze im Gebirge
b	Jungtiere vorwiegend animalische, später pflanzliche Kost: Sämereien, Beeren, Blätter und junge Pflanzentriebe
3	Lebt nach Geschlechtern getrennt; polygam. Kulturflüchter. Tagaktiv, nächtigt meistens auf Bäumen; besonders wachsam. Neben Haarwild ist der Habicht einer der Hauptfeinde
4 a	Balz auf festen Plätzen im April/Mai. Hahn kullert und zischt oder schleift, unterbrochen von Sprüngen. Rasante Rangkämpfe, wobei der älteste Hahn die meisten Hennen tritt. Morgenbalz in der Dämmerung, bei Sonnenaufgang erstummend (Morgengebet), dann Sonnenbalz
b	24 - 28 Tage, Mai - Juni
c	3 - 10 (oder mehr) hellbraune, dunkelgesprenkelte Eier im Bodennest. Küken werden anfangs von der Henne gehudert. Flugfähig nach drei Wochen. Futtersuche abends und morgens; halten sich eng an die Henne
6	Der ganze Hahn; das Spiel (Hutschmuck); Waidkörner
8	Früher Einzeljagd mit Schrot oder „kleiner“ Kugel aus dem Bodenschirm; Lockjagd
9	BJG: 1.Mai. bis 31.Mai. Abweichende Landesregelungen: ganzjährig geschont
10	Alte Hähne haben größere Rosen und stärker gesicheltes Spiel. Kreuzung Auerhahn/Birkhenne möglich. Ergebnis: *Rackelwild*, das selbst nicht fortpflanzungsfähig ist.

Haselhuhn

1 a	Rebhuhngroßes, sehr seltenes Rauhfußhuhn. Grau-braun mit weißen, schwarzen und braunen Rändern und Flecken sowie Federschopf (Holle). *Hahn* hat schwarzen Kehlfleck, weiß gerändert. Befiederte Ständer mit Zehenstiften. *Gewicht:* 300 - 500 g
b	Dem Auerwild ähnlich, aber viel kleiner (ca. 5 cm)
c	Walzenförmig, klein; dunkle Blinddarmlosung
2 a	Laubwaldungen ohne große Lichtungen mit Weichhölzern im Unterstand (Birke, Erle, Vogelbeere, Hasel)
b	Knospen, Beeren, Kerbtiere und Würmer
3	Lebt in Einehe. Kann gut laufen und schnell fliegen. Tagaktiv. Kulturflüchter. Vernimmt und äugt sehr gut
4 a	Paare finden im Herbst zueinander. Balz: März/April, dort wo das Paar lebt. Pfeifender Balzlaut
b	21 - 25 Tage, April - Juni
c	7 - 10 Eier im Bodennest. Die Henne brütet, der Hahn hält Wache. Junge sind Nestflüchter; flugfähig nach 2 - 3 Wochen. Anfänglich nur animalische Kost, später vorwiegend pflanzliche. Familie bleibt bis zum Herbst zusammen
6	Der ganze Hahn
8	Früher Lockjagd mit dem Pfeifchen
9	BJG: ganzjährig geschont
10	Vorkommen im südlichen und östlichen Vorgebirgsraum

Alpenschneehuhn

1 a	Etwas größer als das Rebhuhn. Im Sommer oberseits schwarzbraun gebändert, unterseits weiß. Rosen über dem Auge. Nur der *Hahn* hat dunklen Augenstreifen (Zügel). Im Winter bis auf den Stoß und den Augenstreif des Hahnes rein weiß. Ständer und Zehen befiedert. *Gewicht:* 350 - 500 g
b	4 - 5 cm
c	Walzenförmig
2 a	Hochgebirge und Tundra (lange Schneezeiten)
b	Sämereien, Beeren, Knospen, Insekten. Im Winter Fichten- und Kiefernnadeln
3	Lebt monogam bis zur Aufzucht der Jungen, später in Ketten. Hennen und Jungvögel ziehen zusammen; Hähne bilden Trupps. Läuft trippelnd und streicht schnurrend geradeaus ab. Scharrt im Winter Gänge in den Schnee, um an Nahrung zu gelangen
4 a	April - Juni, dem Birkhahn ähnlich
b	22 - 24 Tage, Juni - Juli
c	5 - 10 Eier, beigefarben mit großen unregelmäßig dunkelbraunen Flächen. Jungen werden von beiden Eltern geführt. Nestflüchter; nach 2 Wochen flugfähig
9	BJG: ganzjährig geschont
10	Naher Verwandter ist das *Moorschneehuhn* (Tundra); das *Schottische Moorschneehuhn* (Grouse) ist Sommer wie Winter kastanienbraun gefärbt

Fasan

1 a	Ungefähr haushuhngroß. *Hahn:* sehr bunt, kupferfarben. Scharlachrote Rosen als Augenkranz, kurze Federohren, Kopf und Hals dunkelgrün, häufig mit weißem Ring (Ringfasan). Brust, Bauch und Seiten rötlich-braun mit schwarzer Fleckung. Stoß lang und rotbraun gebändert. Durch verschiedene Rassen und Kreuzungen viele Farbvariationen. Sporn an den Ständern. *Henne:* schlichtbraun bis gelblich, dunkelbraun gefleckt. Stoß kürzer als beim Hahn. *Gewicht:* 1.000 - 1.500 g
b	Dem Haushuhn sehr ähnlich; nach innen zeigende Hinterzehe
c	Unregelmäßig keulenförmig gedreht
2 a	Wo die 5 W's anzutreffen sind, da fühlt sich der Fasan wohl (Wald, Wasser, Weizen, Wiese, Wurzeln)
b	Körner (Mais, Weizen), Sämereien, Beeren, junges Grün
3	Lebt gesellig und ist anpassungsfähig. Tagaktiv. Baumt abends auf, wobei der Hahn meldet. Der Fasan läuft gut, steigt geräuschvoll auf und hat einen schnellen, geraden Flug. Polygam. Geschlechterverhältnis sollte 1 : 4 - 6 sein
4 a	März bis Mai; Hähne grenzen durch Rufen und Flügelschlagen Territorien gegeneinander ab
b	24 Tage, April - Juni
c	8 - 18 Eier, einfarbig olivbraun. Brut und Aufzucht des Gesperres nur von der Henne. Beim Brutgeschäft empfindlich gegen Störungen. Küken sind Nestflüchter, nach 14 Tagen flugfähig
5 a	Rotwurm (bes. in Fasanerien), Rundwurm
b	Geflügelpest, Geflügelcholera
8	Suchjagd mit Vorstehhunden, Treibjagd. Verpönt ist der Schuß auf den laufenden Hahn
9	BJG: 1. Okt. - 15. Jan. Abweichende Landesregelungen: B-W, BAY = 1. Okt. - 31. Dez. NRW, HH, S-H = 16. Okt. - 15. Jan. R-P = 16. Okt. - 15. Dez. (Hennen tw. ebenfalls jagbar)
10	Aussetzen von Tieren aus anerkannten Fasanerien nur zur Brutzeit oder in Eingewöhnungsvolieren mindestens 4 Wochen vor Jagdzeit. Alter Hahn hat spitzen, harten Sporn

Rebhuhn

1 a	Kleines Feldhuhn. Kopf und Brust grau-braun. Hufeisenförmiges Brustschild kann bei beiden Geschlechtern auftreten. Deckfedern braun gefleckt, Federn haben hellen Schaftstrich. Kurzer, brauner Stoß. *Henne:* Querbänderung auf den Schwingendeckfedern (Merksatz: Hahn steigt auf die Leiter). *Gewicht:* 300 - 450 g
b	Nur halb so groß wie beim Fasan, also ca. 4 cm; schwacher Abdruck der Hinterzehe
c	Gestüber spiralig, ca. 2 cm; gehäuft dort, wo sich Ketten aufhalten
2 a	Lebt als Kulturfolger auf Acker-, Öd- und Heideflächen mit Hecken und Knicks als Deckung
b	Braucht in den ersten Wochen hauptsächlich tierische Nahrung (weiche Kerbtiere), die dann immer mehr durch pflanzliche Kost ersetzt wird (Sämereien, Grün)
3	Das Rebhuhn lebt monogam. Frühjahr Paarhühner. Bleibt als Familie (Kette) zusammen. Althühner sind sehr wachsam (gutes Auge und Gehöhr). Abends und morgens Lockruf des Hahnes: Zusammenrufen der Kette. Das Rebhuhn läuft gut und streicht flach, aber nicht sehr weit ab. Huderstellen
4 a	März/April. Kurze, unauffällige und ziemlich stille Balz der Paarhühner
b	24 Tage, April - Juni
c	Bis 15 Eier, einfarbig oliv braun (kleiner als die vom Fasan). Wird ein Gelege zerstört, erneutes kleineres Gelege. Nestflüchter. Küken können nach 14 Tagen fliegen
5 a	Rotwurm, Rundwurm
b	Geflügelpest, Geflügelcholera
8	Suche mit dem Vorstehhund, Vorstehtreiben
9	BJG: 1. Sept. - 15. Dez. Abweichende Landesregelungen: BW, BAY, R-P = 1. Sept. - 31. Okt. NDS, HH, S-H = 1. Sept. - 30. Nov. HB = ganzjährig geschont NRW = Empfehlung d. LJV: keine Jagd

Rebhuhn

10

Jung: spitze Schwingenfedern, schwarzer Schnabel, gelbe Ständer.
Alt: abgerundete Schwingenfedern, grauer Schnabel, graue Ständer.
Vorsicht: das erste Huhn, das abstreicht, ist häufig das führende Althuhn.
Hege: Ödlandflächen, Kurzhalten der Feinde, Eindämmung des Herbizid-Einsatzes wegen der lebensnotwendigen Insekten in der Aufzuchtphase

Wachtel

1 a	Dem Rebhuhn ähnlich, aber nur halb so groß. Unterseits heller. Gelber Strich über dem Auge. *Hahn* hat deutlichen braunen Kehlfleck. *Gewicht:* bis 100 g
2 a	Lebt als Kulturfolger auf Acker-, Öd- und Heideflächen mit Hecken und Knicks als Deckung
b	Braucht in den ersten Wochen hauptsächlich tierische Nahrung (weiche Kerbtiere), die dann immer mehr durch pflanzliche Kost ersetzt wird (Sämereien, Grün)
3	Einziger Zugvogel bei den Hühnervögeln. Trifft April/Mai bei uns ein, zieht im September wieder fort. Durch den Wachtelschlag (Ruf) verrät er seine Anwesenheit. Polygam
4 a	Nach dem Eintreffen im April/Mai Balz; kampflustige Hähne
b	19 Tage, Mai - Juli
c	7 - 12 Eier, gelblich-braun fleckig. Brutgeschäft und die Aufzucht der Küken tätigt nur die Henne. Küken sind Nestflüchter; flugfähig nach 3 Wochen
5 a	Rotwurm, Rundwurm
b	Geflügelpest, Geflügelcholera
9	BJG: ganzjährig geschont
10	Bei Gefahr läuft die Wachtel lieber, als daß sie abstreicht. Gezüchtete Wachteln werden häufiger bei der Hundeabrichtung und bei den Prüfungen als Vorstehmöglichkeit verwandt. Massenfänge in den südlichen Ländern auf dem Zug

Ringeltaube

1 a	Größte, häufigste Taubenart. Grundfarbe blaugrau. Erwachsener Vogel: beidseitig am Hals 2 weiße Flecken (Ring). Schwarze Binde am Stoßende. Auge mit hellgelbem Außenring. *Gewicht:* 300 - 600 g
c	Gedreht, mit weißer Harnsäure überzogen
2 a	Anpassungsfähiger Kulturfolger
b	Überwiegend pflanzlich: Kräuter, Wald- und Feldfrüchte; selten animalische Kost. Nahrung wird im Kropf aufgeweicht und mit Sand und Steinen verdaut
3	Stand-, Strich- und Zugvogel. Jahresehe. Keine besonderen Ansprüche. Wald-, Feld- und Stadtrandbewohner. Tagaktiv. Bildet im Herbst große Schwärme
4 a	Melodischer Balzruf und klatschender Balzflug des Taubers, beginnend im Februar/März
b	16 - 18 Tage, April - August
c	Einfaches Nest mit 2 (3) Eiern; weiß (kleines Hühnerei). 2 - 3 Bruten pro Jahr. 1. Woche Fütterung mit Kropfmilch. Flügge nach 3 - 4 Wochen
5 a	Haarwürmer
b	Geflügelpocken, Ornithose
8	Pirsch; Ansitz mit und ohne Locktauben an Lagergetreide oder Wasserstellen; Lockjagd; Treibjagd
9	BJG: 1. Jul. - 30. Apr. Abweichende Landesregelungen: B-W, NDS = 16. Jul. - 30. Apr. NRW = 16. Sep. - 30. Apr.
10	Beute von Greifen, Eulen, Krähen sowie Marder und Fuchs. Geht im Herbst und Winter in Schwärmen besonders auf Grünkohl- und Rosenkohlfeldern sehr zu Schaden. Taube hat auf jeder Feder ein Auge, gilt also als besonders wachsam. Junge Ringeltauben können mit Hohltauben verwechselt werden

Hohltaube

1 a	Kleiner als die Ringeltaube. Grundfarbe dunkelblau-grau, mit glänzend grünen Halsflecken. Auge schwarz. *Gewicht:* 200 - 300 g
2 a	Lebt waldgebunden, liebt lichte Mischwälder mit Altholzbestand
b	Überwiegend pflanzlich: Kräuter, Wald- und Feldfrüchte; selten animalische Kost. Nahrung wird im Kropf aufgeweicht und mit Sand und Steinen verdaut
3	Zugvogel, der im März zurückkehrt und etwa im Oktober wieder fortzieht
4 a	Dumpfes, monotones Rucksen des Tauber ab März
b	16 - 18 Tage, März - August
c	1 - 2 Eier, spindelförmig, leicht cremefarben-weiß. Höhlenbrüter in verlassenen Spechthöhlen, seltener Kaninchenröhren. Eltern teilen sich das Brutgeschäft. Jungen nach 3 - 4 Wochen flügge
5 a	Haarwürmer
b	Geflügelpocken, Ornithose
9	BJG: ganzjährig geschont
10	Vorkommen selten. Verwechslungsgefahr mit jungen Ringeltauben

Turtelttaube

1 a	Kleinste Wildtaubenart. Oberseits rotbraun mit dunklen Flekken. Brust rosa, Unterseite aschgrau. Am Hals schwarzweiß gefleckt. Stoßende weiß gebändert. *Gewicht:* ca. 150 g
c	Gedreht, mit weißer Harnsäure überzogen
2 a	Liebt lichte Wälder, Parkanlagen, Obstgärten, Friedhöfe
b	Überwiegend pflanzlich: Kräuter, Wald- und Feldfrüchte; selten animalische Kost. Nahrung wird im Kropf aufgeweicht und mit Sand und Steinen verdaut
3	Zugvogel kehrt im April/Mai zurück und zieht bereits im August/September schon wieder nach Süden; dämmerungsaktiv
4 a	Wohltönendes Gurren des Taubers
b	16 - 18 Tage, Mai - Juli
c	1 - 2 Eier, weiß. Beide Eltern brüten. 2 Jahresbruten. Flügge nach 3 - 4 Wochen
5 a	Haarwürmer
b	Geflügelpocken, Ornithose
9	BJG: ganzjährig geschont

Türkentaube

1 a	Aschgrau-braunes Gefieder mit dunklem Nackenband. Stoßende zur Hälfte unterseits weiß. *Gewicht:* 200 g
c	Gedreht, mit weißer Harnsäure überzogen
2 a	Sehr anpassungsfähiger Kulturfolger
b	Überwiegend pflanzlich: Kräuter, Wald- und Feldfrüchte; selten animalische Kost. Nahrung wird im Kropf aufgeweicht und mit Sand und Steinen verdaut
3	Standvogel. Hält sich gern in Ortschaften und Parks auf. Wenig scheu. Tagaktiv. Im Herbst und Winter auch mit anderen Tauben oder Krähen im Schwarm
4 a	Balz beginnt im März. Balzruf wenig melodiös, eher ein gleichförmiges Quarren
b	16 - 18 Tage, März - August
c	2 Eier, weiß in einfachem Nest aus feinen Zweigen und Pflanzenhalmen. Beide Partner brüten. Nach drei Wochen ist die Brut flügge. 2 - 5 Bruten pro Jahr
5 a	Haarwürmer
b	Geflügelpocken, Ornithose
8	Pirsch; Ansitz mit und ohne Locktauben an Lagergetreide oder Wasserstellen; Lockjagd; Treibjagd
9	BJG: 1. Jul. - 30. Apr. Abweichende Landesregelungen: B-W, NDS = 16. Jul. - 30. Apr. NRW = 16. Sep. - 30. Apr.
10	Aus ihrer Heimat in Vorderindien hat sich diese Art in wenigen Jahrzehnten über Vorderasien und ganz Westeuropa stark verbreitet. Bevorzugt die Nähe menschlicher Siedlungen

Waldschnepfe

1 a	Rebhuhngroß. Kurzer, gedrungener Körper mit dickem Kopf. Langer, gerader Stecher. Kurze Ständer. Kopf dunkel quergebändert. Oberseits altlaubfarben-braun, unterseits heller mit schmaler brauner Querbänderung. Stoßfedern kurz und schwarz mit weißer Spitze. *Gewicht:* ca. 300 g
b	Kurze Tritte in gerader Linie, Stecherstellen
2 a	Laubwälder mit Unterstand und sumpfigen Partien
b	Vorwiegend animalisch (Würmer, Schnecken, Spinnen, Larven), aber auch Beeren und zartes Grün. Oberschnabel kann aufgebogen werden. Fußtrillern = schnelles Treten mit den Ständern auf dem Boden, um Würmer im Boden in Bewegung zu bringen
3	Zugvogel. Kommt mit der Bachstelze im März aus dem Süden; teilweise auch Standvogel (Lagerschnepfen). Bei beginnendem Winter Rückflug. Streicht klatschend im Zick-Zack-Flug ab und fällt bald wieder ein. Baumt nie auf
4 a	Mit dem Frühjahrszug beginnt die Balzzeit (März-April). Balzflug, wenn der Schnepfenstern aufgeht (Venus). Quorrend und puitzend jagt das Männchen seine Rivalen. Am Boden balzt das Männchen mit hängenden Flügeln und aufgespreiztem Stoß kopfnickend und „murksend“
b	22 Tage, April - Juli
c	3 - 5 Eier, gelblich mit dunklen Einzeichnungen, kreiselförmig. Die Jungen sind Nestflüchter, die nur vom Weibchen aufgezogen werden. Nach 10 Tagen flugfähig und nach 5 Wochen selbständig
6	Malerfeder am vorderen Flügelrand; Schnepfenbart über der Bürzeldrüse
8	Frühjahrsstrich (z.Zt. nicht erlaubt); Treibjagd, Suche
9	BJG: 16. Okt. - 15. Jan. Abweichende Landesregelungen: NRW= Empfehlung d. LJV: keine Jagd
10	Brütende Schnepfe verfällt in eine Brutstarre. Bei Gefahr trägt sie ihre Jungen mit dem Stecher fort. Schnepfendreck = Gescheide der Waldschnepfe, gewürzt und scharf gebraten, gilt als Delikatesse

Bekassine

1 a	Kleiner als die Waldschnepfe. Gerader Stecher und Längsstrich am Kopf und am Hals. Oberseits dunkelbraun mit gelben Streifen, unterseits hell. *Gewicht:* ca. 100 g
2 a	Sumpfgebiete, nasse Wiesen und Uferzonen
b	Würmer, Insektenlarven und kleine Wassertiere
3	Zugvogel, der im März zu uns kommt und im Juli bis Oktober wieder fortzieht. Streicht im Zick-Zack-Flug ab, den Stecher nach unten geneigt
4 a	Meckernder Balzflug des Männchens (daher auch der Name „Himmelsziege“) durch abgespreizte Stoßfedern (Vibrationsfedern). Bodenbalz wie bei der Waldschnepfe
b	18 - 21 Tage, März - Juli
c	3 - 5 Eier, Farbe ähnlich wie bei der Waldschnepfe, jedoch wesentlich kleiner. Nestflüchter, Aufzucht durch beide Elterntiere. Nach drei Wochen flügge
9	Unterliegt nicht dem BJG
10	*Doppelschnepfe:* etwa gleichgroß; Durchzügler auf dem Weg zum Sommer- oder Winterquartier. *Zwergschnepfe:* Lerchengroß, kurzer Stecher; Durchzügler auf dem Weg zum Sommer- oder Winterquartier

Gr. Brachvogel

1 a	Langbeinig mit langem, abwärtsgebogenem Stecher. Gefieder gelblich-braun, dunkel gefleckt oder gestreift; unterseits heller. Größter Schnepfenvogel. *Gewicht:* 600 - 900 g
2 a	Weiden, Moore, Heiden, Überschwemmungsgebiete und auf Inseln, die der Küste vorgelagert sind
b	Insekten, Würmer, Kerbtiere, Mollusken, Frösche; auch Beeren
3	Zugvogel. Kehrt als Frühlingskünder zurück, zieht im Aug./ Sept. wieder fort
4 a	April/Mai. Balzgesang: melodiöses, schwermütiges Flöten und ein schneller werdender Triller
b	26 - 30 Tage, April - Juni
c	3 - 4 Eier, hühnereigroß, oliv, dunkel gesprenkelt. Brutgeschäft vornehmlich vom Weibchen. Junge sind Nestflüchter, die zunächst von beiden Eltern versorgt werden, später hauptsächlich vom Männchen
9	Unterliegt nicht dem BJG
10	Viele Verluste durch intensive Landwirtschaft, Rückgang von Feuchtflächen und Zunahme der Feinde. An den Küsten häufig Konzentrationen

Kolkrabe

1 a	Größter Rabenvogel. Gefieder schwarz-stahlblau glänzend. Kräftiger, großer Schnabel, oberseits bis zur Hälfte mit Federborsten befiedert. Beide Geschlechter sind gleichgezeichnet. *Spannweite*: 1,20 - 1,30 m. *Gewicht:* 1.000 - 1.400 g
c	Geschmeiß und unverdauliche Speisereste als Gewölle
2 a	Liebt abgeschiedene, offene Landschaft mit Wäldern und Feldgehölzen; Gebirge
b	Allesfresser: Kleinsäuger bis Junghasengröße, Vögel bis Fasanengröße; Eier, Insekten, Obst, Körner, Aas. Legt Vorräte an
3	Stand- und Strichvogel. Sehr standorttreu, sofern er nicht gestört wird. Braucht ein großes Revier. Eleganter Flieger: ruhige Flügelschläge; in großen Höhen gleitend. Keilförmiger Stoß. Seine Anwesenheit verrät er mit seinem unverwechselbaren Ruf („kroa, kroa“)
4 a	Balzflüge mit kunstvollen Flugspielen im Februar. Aufwendiger Bau des Horstes, versteckt in hohen Bäumen, mit weichgepolsterter Nestmulde. Beide Partner bauen. Lebensehe
b	20 - 21 Tage, Februar - Mai
c	4 - 6 Eier, grünlich mit verschiedenen Brauntönen gefleckt, schmutzig wirkend. Es brütet nur das Weibchen; sie hilft auch beim Sprengen der Eier und frißt dann die Schalen auf. Fütterung der Jungen durch beide Partner. Die Jungen sind mit 5- 6 Wochen flügge, bleiben aber noch bis Ende Herbst im Familienverband
9	BJG: ganzjährig geschont
10	Selten geworden. Regional Anhäufungen. Bei den Germanen der Wotansvogel. In Sagen und Märchen der kluge, geheimnisvolle Ratgeber

Saatkrähe

1 a	Schwarzes Gefieder, das wie Hosen über die Hälfte der Ständer herabhängt. Bei den Altvögeln ist der Schnabelgrund unbefiedert, bei Jungvögeln befiedert. Die Geschlechter sind gleichgezeichnet. *Spannweite:* etwa 90 cm; *Gewicht:* ca. 500 g
2 a	Acker- und Wiesenlandschaft mit Feldgehölzen. Kolonien häufig in der Nähe von Wasser
b	Mäuse , Insekten, Kleintiere, Aas; Getreide, Kartoffeln
3	Koloniebrüter auf Bäumen. Stand- und Strichvogel
4 a	Wirbelnde Flugspiele zur Balz im März. Männchen nähert sich unter Verbeugungen dem Weibchen. Lebensehe. Baumnest aus Reisig, innen weich gepolstert. Männchen trägt das Nistmaterial zusammen, das Weibchen baut
b	17 - 20 Tage, März - Mai
c	3 - 5 Eier, der Rabenkrähe ähnlich, aber schlanker. Nur das Weibchen brütet, während das Männchen für die Nahrung sorgt. Anfänglich hudert das Weibchen. Später schaffen beide Partner das Futter für die Jungen heran, die mit 4 - 5 Wochen flügge sind. Bleiben anfänglich in der Kolonie
9	Unterliegt nicht dem BJG
10	Kolonien nicht selten in bewohnten Gebieten (Städte, Dörfer) Achtung: Junge Saatkrähen können mit Rabenkrähen verwechselt werden

Rabenkrähe

1 a	„Verkleinerte Ausgabe" des Kolkrabens mit schwarzem Gefieder und geradem Stoß. Beide Geschlechter sind gleichgezeichnet. *Spannweite:* ca. 90 cm. *Gewicht:* 400 - 600 g
2 a	Anpassungsfähiger Kulturfolger
b	Allesfresser (Aaskrähe): Säugetiere bis zum Junghasen, Jungvögel und Eier, Aas, Abfälle, Obst, Getreide (Eier werden in der Mitte aufgehackt – Pole bleiben unbeschädigt)
3	Stand- und Strichvogel, der in Europa vor allem westlich der Elbe vorkommt. Langsamer Flügelschlag, segelt selten. Ist vorsichtig und lernfähig. Verteidigt sein Brutgebiet selbst gegen Greifvögel mit Scheinangriffen
4 a	Turbulente Balzflüge im März. Dauerehe. Nestbau häufig auf Einzelbäumen (auch Felsvorsprüngen) aus Reisig, Gras und Wurzeln, mit Lehm verbunden; ausgepolsterte Nestmulde
b	18 - 20 Tage, März - Juni
c	3 - 6 Eier, dem Kolkraben ähnlich, etwas heller und kleiner. Nur das Weibchen brütet. Die Jungen werden von beiden Eltern gefüttert und sind in 6 - 7 Wochen flügge. Im Juli löst sich der Familienverband. Dann bilden die Krähen größere Gesellschaften
9	Unterliegt nicht dem BJG. Abweichende Landesregelungen: BAY = Jagdbares Wild. Jagdzeit vom 16. Juli - 14. März In anderen Bundesländern teilweise auf Antrag
10	Naher Verwandter: *Nebelkrähe:* Rücken- und Bauchseite grau; das übrige Gefieder schwarz. Vorkommen: Östlich der Elbe und in Skandinavien.

Dohle

1 a	Taubengroßer Rabenvogel; schwarz, mit grauem Hinterkopf und Nacken, kurzer Schnabel, hellgraue Augen. Beide Geschlechter sind gleichgezeichnet. *Spannweite:* bis 70 cm. *Gewicht:* ca. 250 g
2 a	Gehölze, Parks, Ortschaften. Höhlenbrüter im Wald
b	Insekten, Jungvögel, Eier, Mäuse, Obst, Beeren, Aas
3	Stand- und Strichvogel. Lebt meistens gesellig und schließt sich oft Saatkrähen und Staren an. Fliegt rasch und gewandt mit schnellen Flügelschlägen. Bezieht gerne Türme und altes Gemäuer (Schornsteine). Charakteristischer Ruf („kiack").
4 a	Balz im März/April. Beide Partner bauen das Nest aus Reisig, Gras, Federn und Fasern. Koloniebrüter
b	17 - 18 Tage, April - Juni
c	4 - 6 Eier, weiß-grünlich mit wenigen, dunklen Flecken. Die Jungen werden von beiden Eltern versorgt, verlassen mit etwa 4 Wochen das Nest und sind mit 5 Wochen flügge
9	Unterliegt nicht dem BJG
10	Artverwandter im Gebirge ist die *Alpendohle*, deren Schnabel gelb und deren Ständer rot sind

Elster

1 a	Kopf, Brust und Rücken schwarz; obere Schwinge und Unterseite weiß. Stoß besonders lang, keilförmig auslaufend, schwarz und grünlich schimmernd. Geschlechter gleichgezeichnet. *Spannweite:* 60 cm. *Gewicht:* 200 g
2 a	Liebt baumbestandene Landschaft, Waldränder, Parks und Gärten
b	Nesträuber. Insekten, Mäuse, Aas, Abfälle und Sämereien
3	Stand- und Strichvogel. Kulturfolger. Lebt gesellig, besonders im Winter; ist sehr vorsichtig. Flug mit unregelmäßigen, schnellen Flügelschlägen
4 a	Balz im März. Bau des charakteristischen Kugelnestes aus Reisig mit seitlichem Eingang in den höchsten Baumwipfeln. Beide Partner bauen; Nestmulde aus Lehm und Pflanzenteilen. Dauerehe
b	17 - 18 Tage, März - Mai
c	5 - 8 Eier, weiß-gelblich mit gleichmäßiger, brauner Sprenkelung. Nur das Weibchen brütet. Die Jungen werden von beiden Eltern versorgt und sind mit 4 - 5 Wochen flügge
9	Unterliegt nicht dem BJG Abweichende Landesregelungen: BAY = Jagdbares Wild, Jagdzeit vom 16. Jul. - 14. März In anderen Bundesländern teilweise auf Antrag
10	Ist wie die Dohle relativ leicht zu zähmen. Trägt glänzende Gegenstände in ihr Nest (Diebische Elster)

Eichelhäher

1 a	Kopf, Hals und Brust rötlich-braun. Kopffedern schwarz gestrichelt, schwarzer Unteraugenfleck; Auge hellblau. Rükken grau-braun. Schwinge schwarz mit weißen Querstreifen. Schwingenbeuge mit typischen blau-schwarz-gebänderten Deckfedern. Stoß schwarz, undeutlich gebändert. Geschlechter gleichgezeichnet. *Spannweite:* bis 60 cm. *Gewicht:* 120 - 170 g
2 a	Wälder und Gehölze, seltener im offenen Land
b	Waldfrüchte (Eicheln, Bucheckern), Sämereien, Insekten; Nesträuber
3	Stand- und Strichvogel. Außerhalb der Brutzeit gesellig lebend, sehr aufmerksam. Er hüpft am Boden mit großen Sprüngen voran, bewegt sich gewandt im Gezweig, fliegt aber schwerfällig (Wellenflug). Legt Vorratslager mit Eicheln und Bucheckern für den Winter an (bis zu 300 Lager)
4 a	Balz im Februar/März. Nestbau halbhoch in den Bäumen, nahe am Stamm (nicht über 5 m) aus Reisig und Halmen; Nestmulde mit Haaren ausgelegt
b	16 - 17 Tage, März - Juni
c	3 - 6 Eier, hellgrau-braun, dunkler gesprenkelt. Beide Partner brüten. Die erste Woche nach dem Schlupf hudert das Weibchen die Jungen, während das Männchen für Nahrung sorgt. Die Jungen sind nach 3 Wochen flügge
9	Unterliegt nicht dem BJG Abweichende Landesregelungen: BAY = Jagdbares Wild, Jagdzeit vom 16. Jul. - 14. Mär. In anderen Bundesländern teilweise auf Antrag
10	Polizist des Waldes, meldet das Raubwild. Stellt bei Erregung seine Holle auf. Ahmt geschickt den Ruf anderer Vögel nach. Sät im Wald Eichen und Buchen durch vergessene Vorratslager; darum sollte ihn kein Waldbauer jagen. Verwandter: *Tannenhäher:* dunkles Gefieder, weiß getropft. Der dünnschnäblige sibirische Tannenhäher fliegt in manchen Wintern in Scharen nach Westeuropa

Silbermöwe

1 a	Weiße Möwe mit grauem Rücken und Schwingen. Wuchtiger, gelber Schnabel, unterseits an der Spitze roter Fleck. Ruder fleischfarben. Beide Geschlechter gleichgezeichnet. *Spannweite:* bis 1,4 m. *Gewicht:* 900 - 1.300g
2 a	Meeresküsten und küstennahe Gewässer (Ostfriesische Inseln)
b	Allesfresser (Müllhalden), vorwiegend jedoch wassergebundene Nahrung
3	Stand- und Strichvogel. Die Silbermöwe ist sehr standorttreu; lebt und brütet in Kolonien. Hat bei uns stark zugenommen
4 a	Beide Partner bauen im April ein spärliches Erdnest aus „Strandgut“. Bleiben ein oder mehrere Jahre zusammen
b	25 Tage, April bis Juni
c	2 - 3 Eier, hellbraun, mit wenigen unregelmäßigen dunklen Flecken. Nur das Weibchen brütet. Die Jungen werden in den ersten Tagen gehudert und bis zum Flüggewerden (mit 8 - 9 Wochen) von beiden Eltern gefüttert und betreut
8	Ansitz an Müllhalden und Schlafplätzen; Eiersammeln und Ersatz durch Ei-Attrappen
9	BJG: 16. Aug. - 30. Apr. Abweichende Landesregelungen: B-W = keine Jagdzeit
10	Überträger von Salmonellen. Engt den Brutraum anderer Küstenbrüter ein und betätigt sich als Nesträuber

Sturmmöwe

1 a	Der Silbermöwe sehr ähnlich: Weiß mit grauem Obergefieder und Schwingen, der gelbe Schnabel hat jedoch keinen roten Fleck, und die Ruder sind gelb-grünlich. Insgesamt deutlich kleiner als Silbermöwe. Beide Geschlechter gleichgezeichnet. *Gewicht:* 300 - 350 g
2 a	Küsten- und Binnengewässer, auch Sümpfe
b	Fische, Abfall, Muscheln und andere Meerestiere
3	Strich- und Zugvogel. Lebt vorwiegend in Nordeuropa und brütet gern in Kolonien. Bei uns unregelmäßiger Wintergast
4 a	Das Weibchen baut im April ein einfaches Bodennest nach den örtlichen Verhältnissen
b	22 - 28 Tage, April bis Juli
c	2 - 3 Eier, mittelbraun, mit wenigen dunklen Flecken. Beide Partner brüten und betreuen die Jungen, die mit 1 - 2 Tagen das Nest verlassen, aber in der Nähe bleiben. Nach 5 Wochen sind sie voll flugfähig
8	Ansitz an den Müllhalden und Schlafplätzen; Eiersammeln und Ersatz durch Ei-Attrappen
9	BJG: 16. Aug. - 30. Apr. Abweichende Landesregelungen: B-W = keine Jagdzeit NRW = Empfehlung d. LJV: keine Jagd
10	Die *Dreizehenmöwe* ist wesentlich kleiner als die Sturmmöwe und hat schwarze Ruder. Sie brütet bei uns auf Helgoland und lebt auf den Felsplatten und -vorsprüngen der Insel in Gesellschaft von Trottellummen

Lachmöwe

1 a	Kleine Möwe mit rotem Schnabel und roten Rudern. Im Sommerkleid trägt sie eine dunkelbraune Kapuze; später im Winter weißen Kopf mit dunklen Flecken vor und hinter dem Auge. Rücken und Oberseite der Schwingen hellgrau bis bläulich, unterseits weiß. Im *Flugbild* am weißen Schwingenvorderrand und den schwarzen Flügelspitzen zu erkennen. Beide Geschlechter gleichgezeichnet. *Gewicht:* um 250 g
2 a	Küsten- und Binnengewässer in ganz Westeuropa
b	Insekten, kleinere Fische, Wohlstandsmüll
3	Kulturfolger. Zug- und Strichvogel, der in großen Kolonien brütet. Hat sich stark vermehrt und macht anderen Vögeln die Brutgebiete streitig
4 a	Baut im April/Mai ein einfaches Bodennest aus Schilfmaterial
b	22 - 24 Tage, April bis Juni
c	2 - 3 Eier, je nach Umgebung von hellgrau bis mittelbraun mit einigen, dunkleren Flecken. Beide Partner brüten und ziehen die Jungen gemeinsam auf, die nach 5 - 6 Wochen flügge sind
8	Ansitz an Müllhalden und an den Schlafplätzen; Eiersammeln und Ersatz durch Ei-Attrappen
9	BJG: 16. Jul. - 30. Apr.
10	*Zwergmöwe* hat größere schwarze Kapuze, reinweiße Handschwingen und ist viel kleiner (Gewicht um 100 g). Brütet vorwiegend in Osteuropa

Heringsmöwe

1 a	Weiße Möwe mit schiefergrauem Rücken und Schwingen, gelben Rudern und gelbem Schnabel mit rotem Unterschnabelfleck (kleiner und dunkler als bei der Silbermöwe). Beide Geschlechter gleichgezeichnet. *Gewicht:* 800 - 1.100 g
2 a	Meeresküsten und Inseln; seltener im Binnenland
b	Fische, Kerbtiere, Muscheln, Abfall
3	Zugvogel, der an süd- und westeuropäischen Küsten und Nordafrika überwintert. Lebt und brütet in Kolonien, mitunter auch zusammen mit Silbermöwen
4 a	Baut ein einfaches Bodennest mit kleiner Vertiefung, ausgepolstert mit Gräsern und Tang. Brutbeginn April/Mai
b	25 - 27 Tage, April bis Juni
c	2 - 3 Eier, mittelbraun, mit wenigen, dunklen Flecken. Beide Partner brüten und ziehen die Jungen auf, die nach 5 Wochen flügge sind
8	Ansitz an Müllhalden und an Schlafplätzen; Eiersammeln und Ersatz durch Ei-Attrappen
9	BJG: 16. Aug. - 30. Apr. Abweichende Landesregelungen: B-W = keine Jagdzeit

Mantelmöwe

1 a	Große weiße Möwe mit schwarzem Rücken und ebensolchen Schwingenoberseiten. Ruder fleischfarben. Schnabel gelb mit rotem Unterschnabelfleck. Beide Geschlechter gleichgezeichnet. *Gewicht:* .1.500 bis 1.800 g
2 a	Küsten- und Inselbewohner; liebt Felsenküsten
b	Fische, Kleinsäuger, Eier (Nesträuber)
3	Strichvogel, der in Kolonien oder einzeln brütet. Bevölkert Grönland, Island, die Britischen Inseln und Skandinavien; bei uns an der Küste seltener
4 a	Von beiden Partnern wird ein aufwendiges Nest aus Heidekraut, Tang, Gräsern und Federn gebaut, besonders gern auf Felsvorsprüngen. Beginn April
b	26 - 30 Tage, April/Mai
c	2 - 3 Eier, hellbraun, mit verschiedenfarbenen dunkleren Flecken, groß, länglich. Beide Geschlechter brüten und ziehen die Jungen groß, die mit 7 - 8 Wochen flügge sind
8	Ansitz an Müllhalden und an Schlafplätzen; Eiersammeln
9	BJG: 16. Aug. - 30. Apr. Abweichende Landesregelungen: B-W = keine Jagdzeit

Bläßhuhn

1 a	Schwarzes Wasserhuhn mit weißer Blässe und weißem Schnabel. Rote Augen. Grüne Ständer mit langen Zehen, an denen Hautlappen sind. Beide Geschlechter gleichgezeichnet. *Gewicht:* um 700 g
2 a	Liebt vegetationsreiche, große Binnengewässer
b	Wasserinsekten, Schnecken, Fischlaich, Würmer, Wasserpflanzen und deren Sämereien
3	Das Bläßhuhn lebt gesellig und schwimmt vorzüglich, wobei es ständig mit dem Kopf nickt. Taucht mit einem kleinen Sprung. Fliegt ungern, aber gut. Bei Gefahr läuft das Bläßhuhn wassertretend und flügelschlagend über das Wasser
4 a	Baut im März/April ein umfangreiches Nest aus toten Halmen und Blättern der Ufervegetation dicht über dem Wasser. Verteidigt mit seinem spitzen Schnabel den Brutplatz z. B. gegen Enten, die nicht in ihrer Nähe brüten. 2 Jahresbruten
b	21 - 24 Tage, April - Juli
c	5 - 10 Eier, gelb-grünlich, mit zarten dunklen Tupfern. Beide Partner brüten. Das Weibchen hudert die Jungen in den ersten Tagen. Dann gemeinsame Aufzucht, bis die Jungen sich mit 4 Wochen alleine versorgen. Mit 8 Wochen sind sie selbständig
8	Anläßlich Entenjagden; Jagd vom Boot; Eiersammeln
9	BJG: 1. Sep. - 15. Jan.
10	Werden auch Belchen oder Zappen genannt (Belchenschlacht am Bodensee). Unverträglichkeit mit anderen Uferbewohnern und starke Vermehrung erfordern Bejagung

Grünfüßiges Teichhuhn

1 a	Rote Stirn und roter Schnabel mit gelber Spitze. Oberseits dunkelbraun, unterseits dunkelgrau-schwarz wirkend. Helles Flankenband, weiße Unterstoßfedern, grüne Ständer, lange Zehen. Beide Geschlechter gleichgezeichnet. *Gewicht*: um 300 g
2 a	Uferzonen der Binnengewässer
b	Wasserinsekten und deren Larven, Muscheln, Schnecken, Frosch- und Fischlaich, Grasspitzen, Sämereien, Beeren
3	Läuft behende über Wasserpflanzen, schwimmt gut, wobei es ständig mit dem Kopf nickt. Zusätzlich ist der aufgestellte Stoß ständig in Bewegung und zeigt die weißen Unterfedern. Das Teichhuhn taucht gut und schwimmt unter Wasser weiter. Es fliegt unbeholfen flach über das Wasser, wobei die Ständer nach unten hängen
4 a	Ende März bauen beide Partner ein umfangreiches Nest über dem Wasser, das mit Gräsern ausgepolstert wird. Häufig werden höhere Randpflanzen über dem Nest zusammengezogen. 2 Jahresbruten
b	19 - 22 Tage, April - Juli
c	5 - 10 Eier, gelb-grünlich, länglich, mit wenigen dunkelbraunen Flecken. Beide Geschlechter brüten und ziehen die Jungen auf, die bald das Nest verlassen und nach 3 Wochen selbständig Nahrung aufnehmen; mit 5 Wochen flügge
9	Unterliegt nicht dem BJG
10	Die Jungen der ersten Jahresbrut helfen bei der Aufzucht der 2. Brut

Graureiher

1 a	Storchengroßer grauer Vogel mit dunklen Schopffedern. Vorne am Hals schwarze Punktreihe. Schwingen schwarz gerandet. Unterseits heller. Spitzer, langer, gelber Schnabel. Lange gelbe Ständer. Beide Geschlechter gleichgezeichnet. *Spannweite:* 1,70 m. *Gewicht:* 1,5 - 2 kg
b	Tritt groß. Drei Vorderzehen und ebensolange Hinterzehe, versetzt sichtbar
2 a	Flüsse, Seen, Meeresküsten, nasse Auen
b	Vorwiegend Fische, auch Frösche und Mäuse
3	Stand- und Strichvogel. Koloniebrüter, häufig weit vom Wasser entfernt. Watet vorsichtig und sehr aufmerksam. Steht still und unbeweglich im Flachwasser und stößt blitzschnell nach Beute. Fliegt ruhig mit S-förmig eingezogenem Hals
4 a	Balz im März/April. Ausbau und Herrichten der Althorste in hohen Bäumen aus Reisig, Auspolsterung mit Gräsern und feinen Wurzeln
b	25 - 28 Tage, März - Mai
c	3 - 5 Eier, grau-blau, fast gleichrund. Beide Eltern brüten und füttern ihre Jungen 6 - 7 Wochen, ehe diese flügge sind
9	BJG: keine Jagdzeit. In Fischzuchtgebieten Bestandsregulierungen mit Sondergenehmigung in begrenzter Zahl möglich
10	Früher Reiherbeize (Jagd mit dem abgetragenen Beizvogel)

Weißstorch

1 a	Weißer Vogel mit schwarzen Schwingen. Ständer und Schnabel rot. Beide Geschlechter gleichgezeichnet. *Spannweite:* bis 2 m. *Gewicht:* 3 - 4 kg
c	Geschmeiß aus Gewölle und unverdaulichen Nahrungsresten
2 a	Sehr selten gewordener Kulturflüchter, der menschliche Siedlungen in der Nähe von Feuchtgebieten gern annimmt
b	Frösche, Nacktschnecken, Eidechsen, Schlangen, Mäuse, Insekten, aber auch Gelege von Bodenbrütern
3	Zugvogel, der März/April hier eintrifft. Eleganter Flieger, der mit sanften Flügelschlägen geradeaus segelt. Kopf, Hals und Ständer ausgestreckt und leicht nach unten gebogen. Kreist und segelt in großer Höhe. Watet in Feuchtgebieten bedächtig und aufmerksam
4 a	Partner begrüßen sich zur Balz mit anhaltendem Schnabelklappern, wobei der Kopf weit nach hinten gelegt wird. Dies Verhalten wird von beiden Partnern auch später bei jeder Begegnung am Nest wiederholt. Dauerehe. Nestbau aus Reisig; alte Horste werden jedes Jahr weitergebaut bzw. ausgebessert. Nisthilfen werden angenommen
b	31 - 34 Tage, März bis Juni
c	3 - 5 Eier, cremefarben. Beide Partner brüten. Die Jungen werden mit herausgewürgtem Futter der Eltern versorgt und sind nach 9 Wochen flügge. Erst im dritten Jahr geschlechtsreif
9	Unterliegt nicht dem BJG
10	Verwandter: *Schwarzstorch*. Ein scheuer Bewohner urwüchsiger, ruhiger Wälder mit sumpfigen Auen. Horst auf hohen Bäumen. Kopf, Hals und Oberseite schwarz-schillernd, Unterseite weiß; etwas kleiner als der Weißstorch

Kranich

1 a	Größter bei uns vorkommender Vogel. Kopf und Hals schwarz mit hellem breitem Augenstreif, der bis über den ganzen Hals reicht. Auf dem Kopf rotes Querband; sonst grau in verschiedenen Schattierungen. Verlängerte innere Armschwingen bilden einen hinten herabhängenden Federbusch. Lange schwarze Ständer. Beide Geschlechter gleichgezeichnet. *Spannweite:* bis 1,30 m. *Gewicht:* 5 - 6 kg
2 a	Hochmoore und Bruchlandschaften, Verlandungszonen, Erlenbrüche
b	Insekten, Mollusken, Mäuse, Grasspitzen, Sämereien
3	Sehr seltener, scheuer Zugvogel. Fliegt langgestreckt (wie die Störche) in Keilformation, begleitet von dem wohlklingenden, rollenden Trompetenruf. Kommt März/April, fliegt Sep./Okt. zurück in die Winterquartiere (Nordafrika)
4 a	In der Balz würdevolles Schreiten, Verneigungen, Sprünge und Tänze. Baut „trockenes" Bodennest im Feuchtbiotop aus Gras, Schilf und Moos
b	28 - 30 Tage, April - Juni
c	1 - 2 Eier, hellbraun, mit unregelmäßigen, dunklen Flecken. Beide Eltern brüten. Junge verlassen nach einem Tag das Nest und werden von den Eltern ca. 10 Wochen geführt und gefüttert; dann selbständig
9	Unterliegt nicht dem BJG
10	In Literatur und Dichtung häufig vorkommender Vogel. Frühling- und Herbstkünder

Kormoran

1 a	Schwarzer Seevogel, dunkelblau glänzend. Weißer Wangen- und Schenkelfleck. Langer Schnabel, vorne gehakt. Kurze Ständer mit Schwimmhäuten. Kurzer, breiter Stoß. Beide Geschlechter gleichgezeichnet. *Spannweite:* ca. 1,40 m. *Gewicht:* 2 - 2,5 kg
2 a	Küsten und Binnenseen
b	Fische und Kerbtiere
3	Strich- und Zugvogel. Bewegt sich unbeholfen watschelnd an Land. Schwimmt tiefliegend im Wasser, den Kopf leicht nach oben geneigt. Taucht vorzüglich (bis zu 9 m tief). Sitzt auf abgestorbenen Baumkronen und trocknet mit ausgebreiteten Schwingen sein Gefieder
4 a	Koloniebrüter. Baut seinen Horst aus Reisig, Gräsern und Wasserpflanzen auf Felsen oder Bäumen. Das Männchen schafft das Material herbei, das Weibchen baut
b	28 - 30 Tage, April - Juni
c	3 - 4 Eier, weiß, mit wenigen Kalkpickeln. Beide Partner brüten und versorgen die geschlüpften Jungen mit Nahrung und Wasser. Die Jungen bleiben 5 Wochen im Nest, sind mit 8 - 9 Wochen flügge und mit 11 - 12 Wochen selbständig
9	Unterliegt nicht dem BJG
10	Lebt häufig in Graureiherkolonien. Wurde wegen des Schadens, den er der Fischerei zufügt, stark verfolgt. Unter Schutz gut erholt, teilweise bereits wieder Klagen der Fischer. Sitzplätze in den toten Baumkronen sind weiß „eingekälkt“

Große Rohrdommel

1 a	Großer brauner Schilfvogel, schwarz gebändert (ausgezeichnete Tarnfarbe). Spitzer gelber Schnabel, kurze grünliche Ständer und verhältnismäßig lange Zehen. Beide Geschlechter gleichgezeichnet. *Gewicht:* 1.000 - 1.200 g
2 a	Liebt ausgedehnte Schilf- und Rohrbestände am Rand von Seen, Teichen und Sümpfen
b	Fische, Frösche, Insekten, Kerbtiere
3	Strich- und Zugvogel; braucht auch im Winter offene Gewässer. Bei Gefahr Pfahlstellung oder Drohstellung (zusammengeduckt, Flügel halb ausgebreitet, Schnabel spitz nach oben). Die Anwesenheit der Rohrdommel ist am besten am Ruf festzustellen (Moorochse). Fliegt eulenartig geräuschlos und langsam in der Dämmerung. Lebt polygam
4 a	Deutlicher Ruf des Männchens zur Nachtbalz im April/Mai. Wahrscheinlich baut nur das Weibchen das kunstlose Rohrnest
b	25 -26 Tage, März - Mai
c	4 - 6 Eier, hellbraun, fast gleichrund. Es brütet nur das Weibchen. Es zieht auch die Jungen allein auf, die mit 3 Wochen das Nest verlassen und mit 8 Wochen selbständig sind
9	Unterliegt nicht dem BJG
10	*Zwergrohrdommel:* Männchen: Schopf, Rücken und kurzer Stoß grünlich-schwarz, sonst gelblich-braun. Weibchen ähnlich wie die Gr. Rohrdommel gezeichnet. Dämmerungsvogel

Großtrappe

1 a	Kopf und Hals hellgrau. Obergefieder und Halsring rötlichbraun mit schwarzen Querbändern; unterseits weiß. Stoß dunkel mit weißer Unterseite und Endbinde. Hahn deutlich größer, trägt Kehlsack und Federbart; kräftige Ständer. *Hahn: Spannweite:* 2,30 m; *Gewicht:* bis 15 kg. *Henne: Spannweite:* 1,80 m; *Gewicht:* bis 8 kg
b	Kleiner Tritt bis 8 cm Zehenlänge. Hinterzehe fehlt
2 a	Flache, weite Ackerlandschaft; bevorzugt Raps-, Klee- und Luzerneschläge
b	Körner, Sämereien, Kräuter, Blätter, aber auch Mäuse und Schnecken
3	Stand- und Strichvogel. Lebt heute noch in der Mark Brandenburg und der südlichen Slowakei. Auge und Gehör sind besonders gut entwickelt. Fliegt nur ungern, läuft dafür aber gut. Wird bis zu 40 Jahre alt
4 a	Ungewöhnliches Balzbild des Hahns, der alle weißen Federn nach außen stülpt, die Flügel verdreht, den Kehlsack aufbläst und Hals und Kopf auf den Rücken legt (verwandelt sich in kürzester Zeit in einen großen Schneeball). Lebt polygam. Nach der Balz legt die Henne ein einfaches Bodennest in versteckter Lage an
b	25 Tage, April - Juli
c	1 - 3 Eier, bräunlich, mit erdfarbenen Flecken. Die Henne brütet und zieht die Jungen allein auf. In den ersten Tagen ausschließlich Insektennahrung; später überwiegend pflanzlich. In 6 Wochen flugfähig
9	BJG: ganzjährig geschützt
10	*Zwergtrappe:* Vorkommen in Südwest- und Südosteuropa

Höckerschwan

1 a	Altvögel schneeweiß mit orange-rotem Schnabel und schwarzem Höcker am Schnabelansatz (Name). Ruder grau-schwarz. Beide Geschlechter gleichgezeichnet. *Flugbild:* langvorgestreckter Hals, flache Flügelschläge, V-Formation und singendes Fluggeräusch. *Spannweite:* bis 2,40 m. *Gewicht:* 10 - 20 kg
2 a	Liebt große Seen mit breiten, bewachsenen Ufersäumenn. Als Kulturfolger auf fast jedem Stadtsee anzutreffen
b	Wasserpflanzen, Gras, Insekten, Würmer, Muscheln, Fischbrut
3	Stand- und Strichvogel. Eleganter Schwimmer mit anmutig gebogenem Hals, den Schnabel abwärts gerichtet. Häufige Drohhaltung mit angehobenen Schwingen und zurückgelegtem, gebogenem Hals; besonders zur Brutzeit angriffslustig. Braucht im Winter offene Gewässer. Einehe. Geschlechtsreife mit 3 - 4 Jahren. Nur diese Schwanenart brütet bei uns
4 a	Paarung im April. Bau eines umfangreichen Nestes auf Bülten oder kleinen Inseln im Uferbereich aus Reisig und Röhricht; Nestmulde mit Dunen ausgelegt
b	34 - 38 Tage, April bis Juni
c	4 - 7 Eier, oliv, sehr groß. Es brütet vorwiegend das Weibchen. Die Jungen bleiben nach dem Schlupf 1 - 2 Tage auf dem Nest und folgen dann den Eltern. Sie nehmen gleich Nahrung auf und sind mit 4 Wochen selbständig
9	BJG: 1. Sep. - 15. Jan. Abweichende Landesregelungen: NRW, R-P = keine Jagdzeit NDS, S-H = 1. Sep. - 30. Sep. B-W = 1. Sep. - 30. Nov.
10	Starke Vermehrung und deutliche Degenerationserscheinungen (Halsverkrümmungen) sind ein Grund für die wieder zugelassene Bejagung

Singschwan

1 a	Altvögel schneeweiß mit schwarzem Schnabel und gelbem Schnabelansatz (etwa die Hälfte der Schnabelfläche). Ruder grau-schwarz. Kopf und Schnabel keilförmig. Beide Geschlechter gleichgezeichnet. *Flugbild:* in V-Formation mit vorgestrecktem Hals. *Spannweite:* bis 2,40 m. *Gewicht:* 8 - 12 kg
2 a	Küstengewässer und abgelegene Seen in Nordeuropa
b	Wasserpflanzen
3	Zug- und Strichvogel. Häufiger Wintergast. Schwimmt mit gerade aufgerichtetem Hals. Ruft (trompetet) häufig. Keine Drohhaltung wie Höckerschwan, aber noch rauflustiger. Kaum Fluggeräusche. Lebt gesellig mit Ausnahme der Brutzeit. Einehe
4 a	Paarung im April/Mai. Bau eines umfangreichen Nestes auf Bülten oder Kleininseln im Uferbereich; unordentlich aufgeschichtet. Nestmulde mit Moos und Dunen ausgepolstert
b	35 - 42 Tage, Mai - Juni
c	5 - 6 Eier, hellbraun bis cremefarben, groß, länglich. Vorwiegend brütet das Weibchen, während das Männchen Wache hält. Die Jungen sind Nestflüchter und werden von beiden Eltern geführt. Nehmen gleich selbständig Nahrung auf und sind mit 4 Wochen flügge
9	Unterliegt nicht dem BJG
10	*Zwergschwan:* brütet in Nordosteuropa. Wintergast bei uns. Sieht dem Singschwan ähnlich, ist aber viel kleiner. Der gelbe Schnabelansatz bedeckt nur ein Drittel der Schnabelfläche. *Spannweite:* bis 1,90 m, *Gewicht:* 5 - 7 kg

Graugans

1 a	Größte Feldgans. Grauer Kopf, Hals und Rücken (helle Querbänder) unterseits heller. Unterstoßfedern weiß. Ruder fleischfarben. Schnabel: orange mit weißem Nagel. Halsgefieder längsgerillt. Keiförmiger Gemeinschaftsflug. Beide Geschlechter gleichgezeichnet. *Gewicht:* bis 4 kg
b	3 Vorderzehen, die mit Schwimmhäuten verbunden sind; Hinterzehe undeutlich. Latschenabdrücke nach innen gerichtet
c	Walzenförmig, ca. 6 - 8 cm lang; frisch = grün, älter = dunkelgrau
2 a	Liebt Seen mit sumpfigem Vorland und angrenzenden Wiesen- und Weideflächen
b	Pflanzenfresser (Gräser, junge Saaten, Sämereien, Wasserpflanzen)
3	Standorttreuer Stand-, Strich- und Zugvogel, der eine Lebensehe führt. Lebt tagaktiv und übernachtet auf dem Wasser. Während der Sommermauser (Juni/Juli) ist die Graugans ca. 5 Wochen flugunfähig. Im Frühling und Herbst von häufigen Rufen begleiteter Zug in der Dämmerung und Nacht
4 a	Wird erst im 3. Jahr geschlechtsreif. Verlobung im Herbst des 2. Jahres. Reihzeit im März/April. Nest überhöht angelegt aus trockenen Wasserpflanzen; Nestmulde wenig ausgepolstert
b	28 - 29 Tage, April - Juni
c	5 - 8 Eier, gelblich-weiß; nur das Weibchen brütet, während das Männchen Wache hält. Die Jungen sind Nestflüchter, gehen gleich ins Wasser und werden von beiden Eltern geführt (Weibchen vorne, Männchen hinten). Mit 8 Wochen selbständig, bleiben aber im Familienverband
8	Ansitz in Deckung (Erdloch, Graben, Schirm) auf dem Morgenstrich mit Schrot. Am Boden auf weitere Entfernungen: Schuß mit der Kugel
9	BJG: 1. Aug. - 31. Aug. und 1. Nov. - 15. Nov. Abweichende Landesregelungen: B-W, HES, NRW = 1. Aug. - 31.Aug. R-P = keine Jagdzeit S-H = Jagd nur1/2 Std. v. Sonnenaufgang - 10.00 Uhr
10	Durch K. Lorenz besterforschter Vogel. Stammform der Hausgänse

Saatgans

1 a	Wirkt dunkler als Graugans. Brauner Kopf, Hals und Rücken (helle Querbänder) unterseits heller. Unterstoßfedern weiß, Ruder orangefarben. Schnabel schwarz mit orange- oder gelbfarbener Binde. Halsgefieder längsgerillt. Keilförmiger Gemeinschaftsflug. Beide Geschlechter gleichgezeichnet. *Gewicht*: 3 - 3,5 kg
b	Vorderzehen, die mit Schwimmhäuten verbunden sind; Hinterzehe undeutlich. Latschenabdrücke nach innen gerichtet
c	Walzenförmig, ca. 6 - 8 cm lang; frisch = grün; älter = dunkelgrau
2 a	Liebt die offene Tundra und lichte Wälder
b	Gras und Kräuter
3	Zugvogel, der in Mittel- und Westeuropa sein Winterquartier hat. Bei uns häufiger Wintergast. Brütet in Nord- und Osteuropa. Lebensehe. Lebt tagaktiv und übernachtet auf dem Wasser. Während der Sommermauser (Juni/Juli) ist die Saatgans ca. 5 Wochen flugunfähig
4 a	Wird erst im 3. Jahr geschlechtsreif. Verlobung im Herbst des 2. Jahres. Reihzeit März/April. Nest überhöht angelegt aus trockenen Wasserpflanzen; Nestmulde wenig ausgepolstert
b	28 - 29 Tage, Mai - Juni
c	5 - 8 Eier, gelblich-weiß. Nur das Weibchen brütet, während das Männchen Wache hält. Die Jungen sind Nestflüchter und werden von beiden Eltern geführt; sie sind mit 8 Wochen selbständig, bleiben aber im Familienverband
8	Ansitz in Deckung (Erdloch, Graben, Schirm) auf dem Morgenstrich mit Schrot. Am Boden auf weitere Entfernungen: Schuß mit der Kugel
9	BJG: 1. Nov. - 15. Jan. Abweichende Landesregelungen: B-W, HES, NDS, NRW, R-P, S-H = keine Jagdzeit
10	6 verschiedene Rassen. *Kurzschnabelgans:* dunkler und kleiner als die Saatgans, besonders kurzer Schnabel mit rosafarbener Binde. Koloniebrüter. Bei uns nur Wintergast

Bläßgans

1 a	Eine deutliche Blesse über der Schnabelwurzel (blaß) gab dieser Gans ihren Namen. Kopf, Hals und Rücken bräunlichgrau mit helleren Querbändern; unterseits heller mit deutlichen dunklen Querflecken am Bauch. Unterstoßfedern weiß. Ruder gelb-orange. Schnabel rosa mit weißem Nagel. Halsgefieder längsgerillt. Keilförmiger Gemeinschafts-flug. Beide Geschlechter gleichgezeichnet. *Gewicht:* 1,5 - 3 kg
b	3 Vorderzehen, die mit Schwimmhäuten verbunden sind; Hinterzehe undeutlich. Latschenabdrücke nach innen gerichtet
c	Walzenförmig, ca. 6 - 8 cm lang; frisch = grün; älter = dunkelgrau
2 a	Tundra, Moore, Flußinseln in Nord- und Osteuropa und Arktis
b	Gräser, Salzpflanzen
3	Zugvogel, der im Winter im Nord- und Ostseeraum auftaucht; besonders an Flußmündungen. Lebensehe. Lebt tagaktiv und übernachtet auf dem Wasser. Während der Sommermauser (Juni/Juli) ist die Bläßgans für ca. 5 Wochen flugunfähig
4 a	Wird erst im 3. Jahr geschlechtsreif. Verlobung im Herbst des 2. Jahres. Reihzeit im März/April. Nest überhöht angelegt aus trockenen Wasserpflanzen; Nestmulde ausgepolstert
b	28 - 29 Tage, Juni - Juli
c	5 - 8 Eier, gelblich-weiß. Nur das Weibchen brütet, während das Männchen Wache hält. Die Jungen sind Nestflüchter und werden von beiden Eltern geführt, bis sie mit 8 Wochen selbständig sind; bleiben aber weiter im Familienverband
8	Ansitz in Deckung (Erdloch, Graben, Schirm) auf dem Morgenstrich mit Schrot. Am Boden auf weitere Entfernungen: Schuß mit der Kugel
9	BJG: 1. Nov. - 15. Jan. Abweichende Landesregelungen: B-W, HES, NDS, NRW, R-P = keine Jagdzeit S-H = 1/2 Std. v. Sonnenaufgang - 10.00 Uhr
10	4 verschiedene Rassen

Ringelgans

1 a	Kleinste und dunkelste Meergans. Kopf, Hals und Brust fast schwarz, nach „hinten“ heller werdend. Deutlicher weißer Halsring (Name). Stoß leuchtend weiß. Ruder und Schnabel schwarz. Keilförmiger Gemeinschaftsflug. Beide Geschlechter gleichgezeichnet. *Gewicht:* 1,1 - 1,8 kg
b	3 Vorderzehen, die mit Schwimmhäuten verbunden sind; Hinterzehe undeutlich. Latschenabdrücke nach innen gerichtet
c	Walzenförmig, ca. 6 - 8 cm lang; frisch = grün; älter = dunkelgrau
2 a	Nördliches Europa und arktischer Südrand; felsige Küstenregionen der Tundra
b	Moose und Gräser; Salzpflanzen
3	Zugvogel, der im Winter im Nord- und Ostseeraum auftaucht, besonders an Flußmündungen. Lebensehe. Koloniebrüter. Lebt tagaktiv und übernachtet auf dem Wasser. Während der Sommermauser (Juni/Juli) ist die Ringelgans für ca. 5 Wochen flugunfähig
4 a	Wird erst im 3. Jahr geschlechtsreif. Verlobung im Herbst des 2. Jahres. Reihzeit im März/April. Nest überhöht angelegt aus trockenen Wasserpflanzen; Nestmulde ausgepolstert
b	28 - 29 Tage, Juni - Juli
c	5 - 8 Eier, gelblich-weiß. Nur das Weibchen brütet, während das Männchen Wache hält. Die Jungen sind Nestflüchter und werden von beiden Eltern geführt, bis sie mit 8 Wochen selbständig sind; bleiben aber weiter im Familienverband
9	BJG: 1. Nov. - 15. Jan. Abweichende Landesregelungen: B-W, HES, NDS, NRW, R-P = keine Jagdzeit S-H = 1/2 Std v. Sonnenaufgang - 10.00 Uhr
10	Wegen ihres Rufes („rott, rott“) auch Rottgans genannt

Nonnengans

1 a	Auffällig helle Meergans. Oberkopf, Hals und Brust schwarz; Rücken hell- und dunkelgrau quergebändert. Schnabel und Ruder schwarz, sonst weiß. Keilförmiger Gemeinschaftsflug. Beide Geschlechter gleichgezeichnet. *Gewicht:* 1,5 - 2,5 kg
b	3 Vorderzehen, die mit Schwimmhäuten verbunden sind; Hinterzehe undeutlich. Latschenabdrücke nach innen gerichtet
c	Walzenförmig, ca. 6 - 8 cm lang; frisch = grün; älter = dunkelgrau
2 a	Flachgewässer an der südlichen Arktisküste
b	Moose und Gräser, Polarweide, Salzpflanzen
3	Heimat: Nördliche Tundra. Zugvogel, der im Winter an den Flachküsten des Nordseeraumes anzutreffen ist. Lebensehe. Lebt tagaktiv und übernachtet auf dem Wasser. Während der Sommermauser (Juni/Juli) ist die Nonnengans für ca. 5 Wochen flugunfähig
4 a	Wird erst im 3. Jahr geschlechtsreif. Verlobung im Herbst des 2. Jahres. Reihzeit März/April. Nest überhöht angelegt aus trockenen Wasserpflanzen; Nestmulde ausgepolstet
b	28 - 29 Tage, Mai - Juni
c	5 - 6 Eier, gelblich-weiß. Nur das Weibchen brütet, während das Männchen Wache hält. Die Jungen sind Nestflüchter und werden von beiden Eltern geführt, bis sie mit 8 Wochen selbständig sind; bleiben aber weiter im Familienverband
9	BJG: keine Jagdzeit

Kanadagans

1 a	Die bei weitem größte Meergans unserer Breiten. Schwarzer Kopf und Hals mit weißem Unterkopffleck, der bis zu den Wangen reicht. Rücken dunkelbraun, Brust und Bauch hellbraun, Unterstoß weiß; Ruder und Schnabel schwarz. Keilförmiger Gemeinschaftflug. Beide Geschlechter gleichgezeichnet. *Gewicht:* 5 - 8 kg
b	3 Vorderzehen, die mit Schwimmhäuten verbunden sind; Hinterzehe undeutlich. Latschenabdrücke nach innen gerichtet
c	Walzenförmig, 6 - 8 cm lang; frisch = grün; älter = dunkelgrau
2 a	Heimat: Alaska und Kanada. Nach Einbürgerung Ausbreitung von England und Nordeuropa nach Mitteleuropa. Bevorzugt Süßwasserseen und -teiche, im Winter auch Küstenbereich
b	Gras, Klee und junge Saaten
3	Stand- und Strichvogel; in Nordamerika und Schweden Zugvogel. Lebensehe. Lebt tagaktiv und übernachtet auf dem Wasser. Während der Sommermauser (Juni/Juli) ist die Kanadagans für ca. 5 Wochen flugunfähig
4 a	Wird erst im 3. Jahr geschlechtsreif. Verlobung im Herbst des 2. Jahres. Reihzeit März/April. Nest überhöht angelegt aus trockenen Wasserpflanzen; Nestmulde ausgepolstert
b	28 - 29 Tage, März - Juni
c	5 - 8 Eier, gelblich-weiß. Nur das Weibchen brütet, während das Männchen Wache hält. Die Jungen sind Nestflüchter und werden von beiden Eltern geführt, bis sie mit 8 Wochen selbständig sind; bleiben auch weiter im Familienverband
9	BJG: 1. Nov. - 15. Jan. Abweichende Landesregelungen: B-W, HES, NDS, NRW, R-P = keine Jagdzeit; S-H = 1/2 Std. v. Sonnenaufgang - 10.00 Uhr
10	In England eingeführt. Hat sich in den letzten Jahrzehnten gut vermehrt. *Winterquartier:* nach Südwest-Europa ausweichend

Brandgans

1 a	Bunte, große, dreifarbige Gans, die von manchen auch zu den Enten gezählt wird. *Ganter:* Kopf und Hals dunkelgrün schillernd. Weißer Brustring, auf den ein rostrotes Band folgt. Rücken und Seiten weiß, von dunklem Schwingenband und dunklem Bauch unterbrochen. Grüner Spiegel, roter Schnabel mit leuchtendem Höcker an der Wurzel, fleischfarbene Ruder. *Gans:* ohne Höcker, dafür manchmal weißes Band um den Schnabel; sonst wie Ganter. *Gewicht:* 900 - 1.400 g
2 a	Meeresküste auf Sand- und Schlickbänken; Wattzonen; seltener Binnenland
b	Schnecken, Muscheln, Würmer, Kerbtiere, seltener Wasserpflanzen
3	Meeresgans bzw. -ente. Strich- und Zugvogel. Wird gegen Ende des 2. Jahres geschlechtsreif. Lebt in Einehe. Trifft sich zur Mauser mit Artgenossen an ganz bestimmten Plätzen (Knechtsand), wo sie ca. 4 - 5 Wochen flugunfähig verweilt
4 a	Reihzeit im April/Mai. Die Brandgans ist ein Höhlenbrüter, der in Kanin- und Fuchsbauten, aber auch künstlichen Erdbauen nistet. Das Nest wird in einer Erdvertiefung mit wenig Pflanzenmaterial und einer mit viel Dunen ausgekleideten Nestmulde angelegt
b	28 - 30 Tage, April - Juli
c	8 - 12 Eier, rahmweiß, einfarbig. Nur die Ente brütet, während der Erpel Wache hält. Beide Eltern ziehen die Jungen auf, die als Nestflüchter sofort zum Wasser geführt werden; die Jungen können sofort schwimmen und tauchen und sind mit 8 Wochen flügge
9	BJG: keine Jagdzeit
10	Bei späterem Brutbeginn verlassen die Eltern bei Beginn der Mauser die Jungen, die dann nur geringe Überlebenschancen haben

Stockente

1 a	*Erpel:* Im Prachtkleid Kopf und Hals dunkelgrün glänzend, weißer Halsring, braune Brust. Rücken und Schwingen braungrau. Spiegel metallisch blau. Bauchseite hellgrau. Ruder orangerot. Schnabel gelb. *Ente:* schlicht braun mit dunklen Flecken, Spiegel wie Erpel. Während der Mauser Erpel ähnlich wie Ente. *Gewicht:* 900 - 1.500 g
2 a	Fast in jedem Gewässer bis in die Städte zu finden. Im Winter auch an der Küste. Häufigste Ente Europas
b	Allesfresser, wobei 90% aus pflanzlicher und 10% aus tierischer Kost besteht
3	Schwimmente. Liegt zu 1/3 im Wasser, den Stoß aufgestellt. Ruder mitten unter dem Körper. Senkrechtstarter. Gründelt in Ufernähe und taucht nur bei Gefahr bis max. 3 m Tiefe. Streicht abends zu den Äsungsflächen und morgens wieder zurück. Ruht über Tag auf dem Wasser geschützter Seen und Tümpel. Die Mauser beginnt, sobald die Jungen beflogen sind und macht sie 4 - 5 Wochen flugunfähig. Lebt außerhalb der Brutzeit gesellig in größeren Schoofen und fliegt in regellosen Trupps
4 a	Reihzeit im März/April mit Imponiergehabe des Erpels. Polygam. Die Ente baut das Nest in einer Bodenmulde, aber auch auf Kopfweiden oder in Greifvogelhorsten aus trockenen Pflanzenresten, wobei die Nestmulde mit Dunen ausgepolstert wird. Oft auch weit vom Wasser entfernt
b	26 - 29 Tage, März - Juli
c	7 - 12 Eier, einfarbig, hellgrau-grün. Nur die Ente brütet und zieht auch die Jungen allein auf. Die Nestflüchter werden sofort zum Wasser geführt (bei Hochbruten werden die Jungen aus dem Nest gelockt, geworfen oder im Schnabel heruntergebracht). Die Jungen sind in 7 - 8 Wochen flügge. Nachgelege möglich
6	Entenlocke vom Erpel
8	Ansitz auf dem herbstlichen Zug; abends und morgens auf dem Entenstrich; Stöbern mit einem guten Wasserhund im Schilf. Anlocken mit Lockente und Nachahmung des Rufes der Ente („mahk, mahk“)
9	BJG: 1. Sep. - 15. Jan.

Stockente

Abweichende Landesregelungen:
NDS = Sonderregelungen in Küstenlandkreisen: 16. Aug. - 15. Jan.

10 Häufig in den Städten durch Hausenten-Einkreuzungen entartet. Bei Erpelüberhang kommt es zu Störungen des Brutgeschäftes. Die Stockente ist die Stammform unserer Hausente

Krickente

1 a	Kleinste europäische Ente. *Erpel:* Im Prachtkleid brauner Kopf mit langem grünem Augenstreif. Weißer Streif über grünem Spiegel; sonst grau gebändert mit hellerer Unterseite. Stoß gelb; Ständer und Schnabel dunkelbraun. *Ente:* schlicht, gelblich mit dunkelbraunen Flecken, grüner Spiegel. Während Mauser Erpel ähnlich Ente. *Gewicht:* 250 - 350 g
2 a	Schilfreiche Teiche, Sümpfe und Moore in ganz Europa mit Ausnahme des Südens
b	Wasserpflanzen und deren Sämereien, Insekten, Würmer, Schnecken
3	Schwimmente. Häufiger Zugvogel, der den Winter in Südeuropa und Nordafrika verbringt. Liegt zu 1/3 im Wasser, den Stoß aufgestellt. Ruder mitten unter dem Körper. Senkrechtstarter. Gründeln in Ufernähe und Tauchen nur bei Gefahr bis max. 3 m Tiefe. Streicht abends zu den Äsungsflächen und morgens wieder zurück. Ruht über Tag auf dem Wasser geschützter Seen und Tümpel. Die Mauser beginnt, sobald die Jungen beflogen sind, und macht sie 4 - 5 Wochen flugunfähig. Lebt außerhalb der Brutzeit gesellig in größeren Schoofen und fliegt in regellosen Trupps
4 a	Reihzeit April/Mai; polygam. Das Weibchen baut verborgenes Bodennest, das mit Dunen ausgepolstert ist. Oft auch weit vom Wasser entfernt
b	21 - 25 Tage, Mai - Juni
c	8 - 10 Eier, hellgelblich, länglich. Nur die Ente brütet und zieht die Jungen auf. Nestflüchter, die sofort zum Wasser gebracht werden. Die Jungen sind in ca. 6 Wochen flügge
9	BJG: 1.Okt. - 15.Jan. Abweichende Landesregelungen: HES, NRW = keine Jagdzeit
10	Ihr Ruf („krück, krück") gab der Ente den Namen. Schneller, geräuschloser Flug

Knäkente

1 a	Nur wenig größer als Krickente. *Erpel:* Im Prachtkleid Kopf, Hals und Brust braun mit langem, weißem Augenstreif; weißer Bauch; brauner Stoß. Auf dem dunklen Rücken lange schwarze Federn mit weißem Mittelband. Spiegel klein, grün, mit weißer Einfassung. Ruder und Schnabel dunkelgrau. *Ente:* schlicht hell und dunkelbraun gefleckt. Spiegel wie Erpel. Während Mauser Erpel ähnlich Ente. *Gewicht:* 300 - 450 g
2 a	Süßwasserteiche, Sümpfe und Moore
b	Wasserpflanzen und Sämereien; auch Kleininsekten
3	Schwimmente. Häufiger Zugvogel, der den Winter in Südeuropa und Nordafrika verbringt. Liegt zu 1/3 im Wasser, den Stoß aufgestellt. Ruder mitten unter dem Körper. Senkrechtstarter. Gründelt in Ufernähe und taucht nur bei Gefahr bis max. 3 m Tiefe. Streicht abends zu den Äsungsflächen und morgens wieder zurück. Ruht über Tag auf dem Wasser geschützter Seen und Tümpel. Die Mauser beginnt, sobald die Jungen flügge sind, und macht sie für 4 - 5 Wochen flugunfähig. Lebt außerhalb der Brutzeit gesellig in größeren Schoofen und fliegt in regellosen Trupps
4 a	Reihzeit April/Mai; polygam. Die Ente baut verborgenes Bodennest, das mit Dunen ausgepolstert ist. Oft auch weit vom Wasser entfernt
b	21 - 23 Tage, April - Mai
c	8 - 10 Eier, hellgrau, länglich. Nur die Ente brütet und zieht die Jungen auf. Nestflüchter, die sofort zum Wasser geführt werden. Die Jungen sind in ca. 6 Wochen flügge
9	BJG: 1.Okt. - 15.Jan. Abweichende Landesregelungen: HES, NDS, NRW, HB = keine Jagdzeit
10	Ihr Ruf („knäck, knäck“) gab der Ente ihren Namen

Spießente

1 a	Schlanke, langhalsige Ente (stockentengroß) mit langem, spitzem Stoß (Name). *Erpel:* Im Prachtkleid Kopf und Hals braun. Von der Brust führt an beiden Seiten des Halses ein weißer Streifen bis auf den Hinterkopf. Rücken und Seiten grau gesprenkelt; grüner Spiegel mit gelbem Rand, überdeckt von langen schwarzen Federn, die weiß gerandet sind. Stoß mit langen „Spießfedern". *Ente:* hellbraun mit dunkelbrauner Fleckung; unterseits heller; dunkler Spiegel. Schnabel und Ruder grau. Während der Mauser Erpel ähnlich Ente. *Gewicht:* 700 - 1.100 g
2 a	In Küstennähe auf Seen, Mooren und Flußläufen in Nord- und Osteuropa
b	Wasserpflanzen und Sämereien; auch Kleininsekten
3	Schwimmente. Zugvogel, der seine Winterquartiere im Mittelmeerraum hat. Liegt zu 1/3 im Wasser, den Stoß aufgestellt. Ruder mitten unter dem Körper. Senkrechtstarter. Gründelt in Ufernähe und taucht nur bei Gefahr bis max. 3 m Tiefe. Streicht abends zu den Äsungsflächen und morgens wieder zurück. Ruht über Tag auf dem Wasser geschützter Seen und Tümpel. Die Mauser beginnt, sobald die Jungen beflogen sind, und macht sie 4 - 5 Wochen flugunfähig. Lebt außerhalb der Brutzeit gesellig in größeren Schoofen und fliegt in regellosen Trupps
4 a	Reihzeit: April/Mai. Ente baut einfaches Muldennest am Boden aus dem Material der Umgebung; Nestmulde mit Dunen ausgepolstert. Brütet gerne gesellig
b	21 - 23 Tage, April - Juni
c	7 - 9 Eier, länglich, grünlich-bläulich. Nur die Ente brütet und zieht auch allein die Jungen auf, wobei der Erpel häufig anwesend ist. Die Jungen sind Nestflüchter, die sofort zum Wasser geführt werden; sind mit 7 Wochen flügge
9	BJG: 1. Okt. - 15. Jan. Abweichende Landesregelungen: HES, NRW = keine Jagdzeit
10	Wegen des Spießes wird sie auch „Fasanenente" genannt

Pfeifente

1 a	Halbgroße Ente mit kleinem blauem Schnabel und schwarzem Nagel. *Erpel:* Im Prachtkleid Kopf, Hals und Brust rot-braun, hellgelber Scheitel; sonst grau gesprenkelt mit schwarzem Stoß. Spiegel grün mit schwarzer Fassung. Ruder grau. *Ente:* braunes Gefieder, auf den Schwingen heller abgesetzt mit kleinem, grünen Spiegel. Während der Mauser Erpel ähnlich Ente. *Gewicht:* 500 - 900 g
2 a	Süßwasserseen und Flüsse in Nord- und Osteuropa. Brutvogel in Mecklenburg. Herbstgast im Nord- und Ostseeraum
b	Pflanzenteile und Sämereien; auch Insekten
3	Schwimmente. Zug- und Strichvogel, der dem harten Winter von der Nordsee bis zum Mittelmeer ausweicht. Liegt zu 1/3 im Wasser, den Stoß aufgestellt. Ruder mitten unter dem Körper. Senkrechtstarter. Gründelt in Ufernähe und taucht nur bei Gefahr bis max. 3 m Tiefe. Streicht abends zu den Äsungsflächen und morgens wieder zurück. Ruht über Tag auf dem Wasser geschützter Seen und Tümpel. Die Mauser beginnt, sobald die Jungen beflogen sind und macht die Pfeifente 4 - 5 Wochen flugunfähig. Lebt außerhalb der Brutzeit gesellig in größeren Schoofen und fliegt in regellosen Trupps
4 a	Reihzeit April/Mai; polygam. Ente baut einfaches Muldennest am Boden mit dem Material aus der Umgebung; Nestmulde mit Dunen ausgepolstert
b	22 - 25 Tage, Mai - Juni
c	7 - 9 Eier, leicht grünlich. Nur die Ente brütet und zieht die Jungen auf. Nestflüchter, die sofort zum Wasser gebracht werden. Die Jungen sind in 6 Wochen flügge
9	BJG: 1. Okt. - 15. Jan. Abweichende Landesregelungen: HES, NRW = keine Jagdzeit
10	Der Erpel mit seinem pfeifenden Ruf gab dieser Art den Namen

Schnatterente

1 a	Mittelgroße Ente mit weißem Spiegel. *Erpel:* Im Prachtkleid Kopf und Hals braun gesprenkelt; Rücken, Brust und Seiten dunkelgrau gesprenkelt. Bauch weiß. Stoß schwarz mit weißer Randung. *Ente:* hellbraun mit dunkelbrauner Fleckung. Bauchseite und Spiegel weiß. Während der Mauser Erpel ähnlich Ente. *Gewicht:* 600 - 1.100 g
2 a	Liebt Süßwasserseen, Teiche und langsam fließende Flüsse in Osteuropa
b	Wasserpflanzen und Sämereien; Insekten
3	Schwimmente. Zug- und Strichvogel mit Winterquartier in West- und Südeuropa. Liegt zu 1/3 im Wasser, den Stoß aufgestellt. Die Ruder mitten unter dem Körper. Senkrechtstarter. Gründelt in Ufernähe und taucht nur bei Gefahr bis max. 3 m Tiefe. Streicht abends zu den Äsungsflächen und morgens wieder zurück. Ruht über Tag auf dem Wasser geschützter Seen und Tümpel. Die Mauser beginnt, wenn die Jungen beflogen sind und macht die Schnatterente 4 - 5 Wochen flugunfähig. Lebt außerhalb der Brutzeit gesellig in größeren Schoofen und fliegt in regellosen Trupps
4 a	Reihzeit Mai/Juni. Einfaches, verstecktes Muldennest am Boden, teilweise weit vom Wasser entfernt, aus trockenen Pflanzen der Umgebung; Nestmulde mit Dunen ausgepolstert
b	25 - 27 Tage, Mai - Juli
c	8 - 12 Eier, cremefarben, länglich elliptisch. Nur die Ente brütet und zieht auch allein die Jungen auf. Nestflüchter, die sofort zum Wasser gebracht werden und in 7 Wochen flügge sind
9	BJG: keine Jagdzeit
10	Die Schnatterente liegt sehr hoch im Wasser und trägt den Stoß auffallend nach oben gewinkelt

Löffelente

1 a	Mittelgroße Ente mit auffallend großem, breitem Schnabel. *Erpel:* Im Prachtkleid Kopf und Hals grün, Brust weiß, Bauch und Flanken rot-braun. Rücken und Schwingen schwarz-weiß mit blauen Partien und grünem Spiegel. Stoß schwarz mit weißem Rand. *Ente:* schlicht braun mit dunkelbraunen Flekken, blauer Vorderflügel, Ruder kaminrot. Während der Mauser Erpel ähnlich Ente. *Gewicht:* 500 - 800 g
2 a	Flache Binnengewässer, nasse Wiesen und Sümpfe in Mittel- und Osteuropa
b	Wasserpflanzen und Sämereien; kleine Wassertiere, die auf der Wasseroberfläche treiben
3	Schwimmente. Zug- und Strichvogel, der in Südeuropa überwintert. Liegt zu 1/3 im Wasser, den Stoß aufgestellt. Ruder mitten unter dem Körper. Senkrechtstarter. Gründelt in Ufernähe und taucht nur bei Gefahr bis zu einer Tiefe von max. 3 m. Streicht abends zu den Äsungsflächen und morgens wieder zurück. Ruht über Tag auf dem Wasser geschützter Seen und Tümpel. Die Mauser beginnt, wenn die Jungen beflogen sind und macht die Löffelente für 4 - 5 Wochen flugunfähig. Lebt außerhalb der Brutzeit gesellig in größeren Schoofen und fliegt in regellosen Trupps
4 a	Reihzeit April/Mai. Einfaches, verstecktes Muldennest am trockenen Uferrand aus umherliegendem Pflanzenmaterial. Nestmulde mit Dunen ausgepolstert
b	25 - 27 Tage, Mai - Juni
c	8 - 12 Eier, olivfarben, elliptisch. Nur die Ente brütet und zieht die Jungen allein auf. Nestflüchter, die sofort zum Wasser gebracht werden und in 6 - 7 Wochen flügge sind
9	BJG: keine Jagdzeit
10	Die Löffelente liegt tief im Wasser und trägt den Schnabel immer gesenkt

Reiherente

1 a	Reiherartiger Schopf, beim Erpel deutlicher (Name). *Erpel:* Im Prachtkleid Kopf, Hals und Brust schwarz. Rücken und Stoß dunkelbraun, sonst weiß. Grau-blauer Schnabel mit schwarzem Nagel; Auge gelb; Ruder grau. *Ente:* braun mit helleren Seiten. Während der Mauser Erpel ähnlich Ente. *Gewicht:* 700 - 1.000 g
2 a	Alle Arten von Binnenseen, seltener auf dem Meer; in ganz Europa mit Ausnahme des Südens
b	Schnecken, Muscheln, Wasserinsekten, Wasserpflanzen
3	Tauchente. Zug- und Strichvogel. Gesellt sich gerne zu zahmen Enten auf Parkseen. Liegt bis zu 2/3 unter Wasser, der kurze Stoß auf dem Wasser. Kurzer Hals und kurze Schwingen. Flachstarter mit Wassertreten gegen den Wind. Taucht nach Nahrung auf den Gewässergrund bis zu einer Tiefe von max. 10 m. Ruder hinter Körpermitte. Hinterzehe hat einen Hautlappen. Mauser beginnt, wenn die Jungen beflogen sind und macht die Reiherente für ca. 4 - 5 Wochen flugunfähig. Lebt außerhalb der Brutzeit gesellig in größeren Schoofen und fliegt in regellosen Trupps
4 a	Reihzeit Mai/Juni. Nestbau aus grünem Pflanzenmaterial in einer Bodenmulde. Nestmulde mit Dunen ausgepolstert. Nistet oft gesellig in kleinen Kolonien; manchmal auch zusammen mit Möwen und Seeschwalben
b	23 - 25 Tage, Mai - August
c	5 - 12 Eier, braun-oliv. Nur die Ente brütet und zieht auch die Jungen allein auf. Nestflüchter, die sofort zum Wasser geführt werden. Die Jungen können schon nach wenigen Stunden tauchen; sind mit 9 Wochen flügge
9	BJG: 1. Okt. - 15. Jan. Abweichende Landesregelungen: HES, NDS, NRW, HB = keine Jagdzeit
10	*Bergente* ähnlich, aber etwas größer und dunkler, auf dem Rücken auffällig heller Streifen. Ente: weißer Ring um Schnabelwurzel

Kolbenente

1 a	Größte Tauchentenart mit auffallend dickem rotem Kopf. *Erpel:* Im Prachtkleid Kopf rotbraun mit aufstellbaren Schopffedern. Hals und Brust schwarz, Seiten weiß, Bauch und Stoß schwarz, Rücken braun, Schnabel leuchtend rot. *Ente:* braun mit heller Wange und hell-bräunlichen Seiten. Schnabel schwarz mit roter Binde am Oberschnabel. Ruder grau. Während der Mauser Erpel ähnlich Ente. *Gewicht:* 900 - 1.200 g
2 a	Schilfreiche Binnenseen und Brackwasserlagunen
b	Wasserpflanzen, Algen
3	Tauchente. Liegt bis zu 2/3 unter Wasser, der kurze Stoß auf dem Wasser auf. Kurzer Hals und kurze Schwingen. Flachstarter mit Wassertreten gegen den Wind. Taucht nach Nahrung auf den Gewässergrund bis zu einer Tiefe von max. 10 m. Ruder hinter Körpermitte; Hinterzehe hat einen Hautlappen. Mauser beginnt, wenn die Jungen beflogen sind und macht die Kolbenente für 4 - 5 Wochen flugunfähig. Lebt außerhalb der Brutzeit gesellig in größeren Schoofen und fliegt in regellosen Trupps
4 a	Reihzeit im Mai. Nest aus Pflanzenteilen in einer Bodenmulde (meist am Ende eines durch dichte Vegetation gebauten Tunnels). Nestmulde mit Dunen ausgepolstert
b	26 - 28 Tage, Mai - Juni
c	6 - 12 Eier, bräunlich-oliv, länglich. Nur die Ente brütet und zieht die Jungen allein auf. Nestflüchter, die sofort zum Wasser geführt werden. Sind in 6 - 7 Wochen flügge
9	BJG: keine Jagdzeit

Tafelente

1 a	*Erpel* im Prachtkleid ähnelt der Kolbenente, jedoch kleiner mit schwarzem Schnabel. Kopf und Hals rot-braun, Brust und Stoß schwarz, sonst grau gesprenkelt. *Ente:* bräunlich mit heller Wange; unterseits heller. Während der Mauser Erpel ähnlich Ente. *Gewicht:* 700 - 1.000 g
2 a	Binnenseen jeder Art
b	Wasserpflanzen, Insekten, Muscheln
3	Tauchente. Zug- und Strichvogel. Liegt zu 2/3 unter Wasser, der kurze Stoß auf dem Wasser. Kurzer Hals und kurze Schwingen. Flachstarter mit Wassertreten gegen den Wind. Taucht nach Nahrung auf den Gewässergrund bis zu einer Tiefe von max. 10 m. Die Ruder hinter Körpermitte. Hinterzehe hat einen Hautlappen. Mauser beginnt, wenn die Jungen beflogen sind und macht die Tafelente für 4 - 5 Wochen flugunfähig. Lebt außerhalb der Brutzeit gesellig in größeren Schoofen und fliegt in regellosen Trupps
4 a	Reihzeit April/Mai. Nestbau aus Uferbewuchs; teilweise Schwimmnest. Die Nestmulde ist mit Dunen ausgepolstert
b	24 - 26 Tage, Mai - Juni
c	6 - 11 Eier, bräunlich, elliptisch. Nur die Ente brütet und zieht auch die Jungen allein auf. Nestflüchter, die sofort zum Wasser geführt werden; sind mit 7 - 8 Wochen flügge
9	BJG: 1. Okt. - 15. Jan. Abweichende Landesregelungen: HES, NDS, NRW, HB = keine Jagdzeit
10	Sind selten am Meer anzutreffen. Die Äsungszeit liegt in der Morgen- und Abenddämmerung

Schellente

1 a	Mittelgroße Ente. Der Erpel verursacht im Flug Klingelgeräusche (Name). Kopf erscheint dreieckig. *Erpel:* Im Prachtkleid Kopf, Rücken und Stoß schwarz, sonst weiß. Zwischen Auge und Schnabel weißer runder Fleck. Schnabel kurz und grau-schwarz, Ruder orange-rot. *Ente:* Kopf dunkelbraun, weißer Halsring, sonst grau-blau; unterseits heller. Während der Mauser Erpel ähnlich Ente. *Gewicht:* 500 - 1.000 g
2 a	Binnenseen, Flüsse und Küstengewässer in Nord- und Osteuropa
b	Wassertiere (Schnecken, Krebse, Muscheln, Würmer) und Wasserpflanzen
3	Tauchente. Zug- und Strichvogel, der im Winter nach Mittel- und Westeuropa ausweicht. Liegt zu 2/3 unter Wasser, der kurze Stoß auf dem Wasser. Kurzer Hals und kurze Schwingen. Flachstarter mit Wassertreten gegen den Wind. Taucht nach Nahrung bis zu einer Tiefe von max. 10 m. Ruder hinter Körpermitte. Hinterzehe hat einen Hautlappen. Mauser beginnt, wenn die Jungen beflogen sind und macht die Schellente für 4 - 5 Wochen flugunfähig. Lebt außerhalb der Brutzeit gesellig in größeren Schoofen und fliegt in regellosen Trupps
4 a	Reihzeit April/Mai. Höhlenbrüter, wobei gerne alte Schwarzspechthöhlen, Nistkästen oder sogar Kaninchenbaue angenommen werden. Nest besteht aus Mull und Dunenfedern
b	27 - 32 Tage, April - Juli
c	6 - 11 Eier, oliv-bräunlich, einfarbig. Nur die Ente brütet, während der Erpel Wache hält. Die Jungen springen als Nestflüchter alle aus dem Nest, fallen unverletzt zu Boden und werden sofort zum Wasser geführt. Ente übernimmt allein die Aufzucht der Jungen, die mit 8 - 9 Wochen flügge sind
9	BJG: keine Jagdzeit
10	*Spatelente* (sehr ähnlich), der Augenfleck ist allerdings halbmondförmig. Außerdem ist sie kleiner und kommt bei uns nur als Irrgast vor (Brutgebiet: Island)

Eiderente

1 a	Größte Meerente mit keilförmiger Kopf- und Schnabelpartie. *Erpel:* Im Prachtkleid weißer Kopf, Hals und Rücken. Schwarzer Scheitel und Stoß sowie schwarze Seiten. Nacken etwas grünlich. *Ente:* braun mit schwarzer Bänderung. Während Mauser Erpel ähnlich Ente. *Gewicht:* 1.300 - 2.500 g
2 a	Küstenregionen Nordeuropas und des nördlichen Mitteleuropas
b	Miesmuscheln, aber auch andere kleine Meerestiere; Wasserpflanzen
3	Meerente. Stand- und Strichvogel. Liegt zu 2/3 unter Wasser, der kurze Stoß auf dem Wasser. Kurzer Hals und kurze Schwingen. Flachstarter mit Wassertreten gegen den Wind. Taucht nach Nahrung bis zu einer Tiefe von max. 20 m. Ruder hinter Körpermitte. Hinterzehe hat einen Hautlappen. Die Mauser beginnt, wenn die Jungen beflogen sind und macht die Eiderente für 4 - 5 Wochen flugunfähig. Lebt außerhalb der Brutzeit gesellig in größeren Schoofen und fliegt in regellosen Trupps
4 a	Reihzeit April/Mai. Muldennest aus dem Material der unmittelbaren Umgebung. Nestmulde mit reichlich Dunen gepolstert; bilden gerne kleine Kolonien
b	25 - 26 Tage, Mai - Juni
c	4 - 6 Eier, bräunlich, hühnereigroß. Nur die Ente brütet, während der Erpel Wache hält. Nestflüchter, die sofort zum Wasser geführt werden; auch vom Erpel bewacht. Nichtbrütende Eiderenten helfen bei der Aufzucht. Die Jungen sind mit 9 - 10 Wochen flügge
9	BJG: keine Jagdzeit
10	Früher wegen der weichen Eierdaunen stark bejagt. Heute wieder überall gesichertes Vorkommen

Gänsesäger

1 a	*Männchen:* schwarzer Kopf, grünlich schillernd. Teilpartie auf dem Rücken ebenfalls schwarz, sonst weiß. *Weibchen:* rötlichbrauner Kopf mit Schopf und hellem Kehlfleck. Oberseite grau, Unterseite und Hals weiß. Beide haben einen schmalen, langen roten Schnabel, der an den Rändern gezähnt (Name) und an der Spitze gehakt ist. Ruder rot. *Gewicht:* 1 - 2 kg
2 a	Seen und Meeresküsten
b	Fische, Mollusken und andere Wassertiere
3	Stand-, Strich- und seltener Zugvogel. Liebt die Gesellschaft seinesgleichen. Schwimmt hervorragend, taucht viel und gut, läuft dafür an Land eher unbeholfen. Höhlenbrüter, seltener Bodenbrüter
4 a	Balz im April/Mai. Nest nur mit wenigen Federn ausgepolstert
b	32 - 35 Tage, April - Juni
c	7 - 14 Eier, gelblich-braun. Nur das Weibchen brütet und führt die jungen Nestflüchter etwa 5 Wochen, bis diese dann selbständig sind
9	BJG: ganzjährig geschont
10	*Mittelsäger:* Beide Geschlechter haben einen dünnen Schopf, sind sonst dem Gänsesäger ähnlich, jedoch kräftiger gefärbt und kleiner. *Zwergsäger:* Zugvogel, gelegentlich Wintergast bei uns. *Männchen:* weiß, nur schwarzer Rückenfleck. Augenfleck und dünne schwarze Bänder. *Weibchen:* grau, mit rot-braunem Oberkopf, weißer Wange und Kehle, oberseits dunkelgrau, unterseits weiß

Haubentaucher

1 a	Größter Taucher Europas. Im Brutkleid rot-schwarze Kopfkrause, schwarzer Schopf und weiße Wangen. Hals hinten und auf dem Rücken grau-braun; Hals (vorne) und Bauchseite weiß. Die Ruder mit Lappen an den Zehen sind ganz hinten am Körper angesetzt und grünlich. Spitzer Schnabel. Beide Geschlechter gleichgezeichnet. *Gewicht:* 1 - 1,2 kg
2 a	Liebt waldummantelte Binnenseen mit dichten Schilf- und Röhricht-Ufern und freien Wasserflächen. Kommt in ganz Europa vor
b	Fische, Wasserinsekten und Kerbtiere
3	Zug- und Strichvogel, der den Winter an geschützten Meeresküsten verbringt. Einehe. Brütet allein, seltener in Kolonien. Läuft ungelenk, schwimmt gut, wobei er tief im Wasser liegt und blitzschnell taucht bis zu einer max. Tiefe von ca. 7 m. Flacher Flug über dem Wasser mit „wassertretendem“ Start
4 a	Balz im Mai/Juni, bei der beide Partner aktiv sind und imponierende Schwimmspiele zeigen. Beide bauen am Nest, das häufig schwimmend am Seerand des Schilfgürtels angelegt wird; Nestmulde ausgepolstert
b	25 - 29 Tage, Mai - Juli
c	3 - 6 Eier, weiß-grünlich, hühnereigroß. Beide Partner brüten und ziehen die jungen Nestflüchter gemeinsam auf. Die Jungen werden zu Anfang in den Tragfedertaschen des Weibchens beim Schwimmen, Tauchen und wohl auch beim Fliegen mitgenommen. Sind nach 8 - 10 Wochen flügge, bleiben aber noch länger im Familienverband
9	BJG: keine Jagdzeit
10	*Zwergtaucher:* gut amselgroß, Biotop und Vorkommen ähnlich

NACHWORT

Wer oder was ist schon perfekt? Und selbst wenn, dann gäbe es ja nichts mehr zu bereden, zu diskutieren, zu verbessern. Wie langweilig!

Die Mitstreiter an diesem Buch sind sich sicher, mit der „Wildtierkunde“ in der jetzt vorliegenden Form eine gute Lösung gefunden und ausgearbeitet zu haben. Trotzdem sind sie nicht so vermessen anzunehmen, eine durch und durch perfekte Leistung vollbracht zu haben. Wir reden und diskutieren halt gern...

Deshalb die Aufforderung an alle, die sich dazu berufen fühlen: Schreiben Sie dem nimrod-verlag Ihre Kritik zu System oder Inhalt. Nennen Sie uns Ihre Wünsche oder Verbesserungsvorschläge. Und falls unumgänglich: Klopfen Sie uns einfach nur auf die Schulter, auch das gefällt. Wir würden uns freuen, wenn Sie als unsere Zielgruppe aktiv mit dazu beitragen, dieses Modell weiter zu entwickeln.

Es gilt die Zusage: Sämtliche Meinungsäußerungen werden beantwortet, verwertbare Hinweise honoriert, wesentliche Mitarbeit in der nächsten Auflage entsprechend erwähnt.

Der Durchbruch in der Rehwildhege

Jahrzehntelang ist am Rehwild herumgedoktort worden – ohne Erfolg. Viele Jäger haben resigniert und meinen, diese Wildart läßt sich nicht hegen. Der **rehwild-report** belegt das Gegenteil: Starkes Rehwild und kapitale Böcke auf kleinster Fläche sind nachhaltig machbar. Autor **Wolfram Osgyan** beschreibt die Erfolge **Franz Riegers** und aus anderen Revieren. Auswertung von über 500 in freier Wildbahn markierten Rehen exklusiv in diesem Buch. Viele Regeln stimmen nicht: Alt verfärbt vor jung, jung fegt vor alt, alte Ricken brunften als erste usw. Ein Sachbuch voller Information, spannend zu lesen wie ein Roman. Mit vielen Tips für die jagdliche Praxis. Einmalig: Alle wichtigen Aussagen sind mit Farbfotos belegt. Ein Muß für jeden echten Rehwildjäger, der mehr wissen und endlich Erfolg haben will.

Deutschlands neuer Kapitalbock (siehe Buchtitel): 660 Gramm, 173 I.P.

- Format 17 x 24 cm, 248 Seiten mit 287 Farb- und 2 SW-Fotos. 69,80 DM
- Limitierte, numerierte + signierte Ganzlederausgabe: 149,80 DM

Im Fach- oder Buchhandel
oder direkt beim nimrod-verlag
Postfach 1113, 2725 Bothel
Tel. 0 42 66 / 86 66, Fax 0 42 66 / 86 67